La retraite,
comment préparer sa nouvelle vie

Jean-Michel Lefèvre

LA RETRAITE, COMMENT PREPARER SA NOUVELLE VIE

Du même auteur

Guide pratique de l'enseignement assisté par ordinateur, Cedic/Nathan, 1984

Savoir communiquer pour être plus efficace dans son travail, Dunod, 1991

Savoir communiquer à l'ère des nouveaux médias, Dunod, 1998

© L'Harmattan, 2020
5-7, rue de l'École-Polytechnique ; 75005 Paris
http://www.editions-harmattan.fr
ISBN : 978-2-343-21216-6
EAN : 9782343212166

*Le tueur en série qui fait le plus de victimes…
C'est la retraite !*

Kill Bill 2
Quentin Tarantino (2004)

*Inventer, créer de nouvelles raisons de vivre en dehors du divertissement et du bénévolat…
Garder ou retrouver une activité, des liens, rester ou devenir totalement acteur…
Cultiver jusque sur le tard toutes ses passions, toutes ses capacités, ne délaisser aucun plaisir, aucune curiosité, se lancer des défis impossibles, continuer jusqu'au dernier jour à aimer, travailler, voyager, rester ouvert sur le monde et sur les autres…*

Une brève éternité
Philosophie de la longévité
Pascal Bruckner (2019)

Il ne faut pas avoir peur du bonheur. C'est seulement un bon moment à passer !

Au-delà de cette limite, votre ticket n'est plus valable
Romain Gary (1975)

Sommaire

Avant-propos …..11

Introduction …..19

Première étape : …..31
Explorer les plaisirs professionnels de vos années de travail

Deuxième étape : …..55
Identifier les plaisirs professionnels auxquels vous tenez le plus

Troisième étape : …..93
Surveiller la position, le point de vue et le rôle des autres

Quatrième étape : …..127
Changer tout (le contexte) pour que rien (de ce que vous aimez) ne change

Cinquième étape : …..163
Bâtissez avec méthode le projet qui conduira à votre nouvelle vie

Conclusion …..191

Documents de travail : …..195
Les fiches Jalon 1 à Jalon 10

Avant-propos

La retraite et la culture française du « non-travail »

Comme les passions tumultueuses ou les amours déçues, les relations que les Français entretiennent avec le travail, et surtout leur propre travail, c'est-à-dire un métier rémunéré exercé dans une entreprise ou une administration, sont très compliquées. Ce n'est le plus souvent ni un attachement, ni une aversion, ni même de l'indifférence. C'est un mélange compliqué de sentiments opposés, changeants, sur un air de *Je t'aime, moi non plus*...[1] Notre pays n'a jamais affiché de profonde sympathie pour le travail en tant que tel. Sa culture mi-catholique, mi-socialiste nous incite à tout juste le tolérer comme un mal nécessaire : il faut bien travailler pour vivre et... pouvoir s'offrir des vacances. La condamnation évangélique brutale des « marchands du temple »[2] a jeté sur les activités professionnelles rémunérées un opprobre définitif, érigeant en exemples enviables ceux que leur situation ou leur statut n'oblige pas à « gagner leur vie ». Quant au tropisme français pour les grandes idées sociales christiano-marxisantes[3], il a conduit lui aussi, et même si c'est par d'autres chemins, à une défiance du travail qui serait par nature suspect et aliénant.

Contrairement aux Anglo-Saxons, de culture majoritairement protestante, les Latins regardent la réussite économique avec défiance et révèrent la pauvreté[4]. Ainsi, celui qui réussit par son travail est souvent soupçonné de malhonnêteté, de cupidité, voire d'exploitation de ses semblables. Il résulte de ce sentiment, très ancré dans notre inconscient culturel, une curieuse survalorisation du non-travail et un véritable culte du « temps libre », quelle qu'en soit la forme. Les congés, les « RTT » et le départ précoce en retraite sont considérés comme des conquêtes sociales et des états supérieurs de l'existence. Le temps libre a plus de valeur que le temps de travail. Cet appétit pour le temps libre serait donc un signe de santé, quand un goût assumé pour son travail, une passion pour son métier ou encore une affection reconnue pour son entreprise seraient immédiatement suspects et le signe d'une profonde perversion intellectuelle et d'une évidente aliénation. Est-ce la raison pour laquelle ceux qui aiment – ou ont aimé – leur travail restent discrets, quand les croisés du temps libre prennent la tête des cortèges qui réclament bruyamment la « semaine de 32 heures » ?

Gardons bien présent à l'esprit que c'est dans ce contexte de désamour français du travail que nous allons travailler ensemble sur le passage qui vous attend vers ce temps libre perpétuel et définitif qu'est supposée être la « retraite » !

La retraite est une injonction paradoxale

La retraite est un phénomène sociologique étrange et ambigu. D'un côté, son attente et son avènement sont survalorisés comme une antichambre du bonheur, mais, de l'autre, le retraité accède *ipso facto* à la catégorie des rentiers privilégiés, coûteux et inutiles. Dans la culture française du travail, ces deux contraires fonctionnent ensemble jusqu'au paradoxe.

Le temps libéré de la retraite reste une conquête sociale majeure, un droit inaliénable devenu un tabou politique et un signe de civilisation. Le moment où l'on atteint le seuil de ce nirvana est lui-même ritualisé et célébré comme une étape majeure de la vie : on fête rarement l'entrée dans l'entreprise, mais on n'oublie jamais de fêter la date de péremption professionnelle… Nous gardons tous le souvenir d'un de ces « pots de départ » où il est bon de surjouer l'allégresse et les félicitations, en écoutant les discours convenus qui précèdent le champagne et la remise des « cadeaux de départ » parmi lesquels figurent en bonne place les billets pour un voyage, les clubs de golf ou les cannes à pêche, l'ensemble associé à la promesse de « rester en contact »…

Ce moment résume à lui seul l'injonction paradoxale de la situation : vous devez être heureux de ce moment et le montrer, en même temps que vous n'êtes plus grand-chose pour le milieu que vous quittez et qu'on vous le fait sentir… Le moment ainsi que le mot qui le désigne, supposés heureux l'un et l'autre, affichent alors toutes leurs connotations négatives et morbides jusqu'à présent non dites : la retraite (militaire…) fait généralement suite à une défaite ou à un abandon. C'est la Berezina d'une vie qui n'est plus tout à fait utile, productive, ni engagée, une vie en retrait(e) du réel, un peu retirée du monde, une vie qui n'est déjà plus tout à fait la vraie vie, en attendant la « maison de retraite », puis sa version médicalisée en EHPAD avant un retrait définitif du monde… Vous quittez un statut officiel : vous étiez « actif » et reconnu comme tel, et vous devenez, même s'il n'existe pas de qualification officielle opposée, inactif, désœuvré, endormi, engourdi, inerte, somnolent, déjà à moitié mort, peut-être ! Car tel est le scénario que les autres ont écrit pour vous, et que porte en lui le méchant mot « retraite » : *Au-delà de cette limite, votre ticket n'est plus valable*[5], comme le dit avec un réalisme cruel le titre de Romain Gary.

Mais rien ne vous oblige à souscrire à cette injonction ni à vous reconnaître dans ce programme. Au contraire, ce livre est une invitation à vous battre contre eux et à faire de ce long temps qui reste une nouvelle aventure qui réponde à vos envies et à vos choix !

Retraité ? Ce n'est pas le (bon) moment !

Reconnaissons tout de suite que ce ne sera sans doute pas facile, et voici pourquoi. Bien sûr, vous n'avez choisi ni le moment de votre naissance ni l'âge que vous avez aujourd'hui, mais l'un et l'autre risquent de compliquer les choses. En effet, à l'image et aux sentiments négatifs attachés au mot « retraite » vont venir s'ajouter des circonstances aggravantes dues à la période que nous vivons et à votre position dans la « pyramide des âges ». Expliquons-nous ! Pour le dire simplement, vous avez vécu une bonne partie de votre activité professionnelle pendant la période dite des *Trente Glorieuses*[6] et l'euphorie économique de la « mondialisation heureuse ». Toutes ces années ont été marquées par une activité économique solide et un bon niveau d'emploi, par un chômage peu important et des revenus corrects dans la majorité des pays riches. Par ailleurs, la pyramide des âges et les effets du *baby-boom*[7] ont assuré une bonne couverture des besoins de financement des retraites par la contribution des actifs. Notre système « par répartition[8] » a donc pu parfaitement fonctionner. Mais aujourd'hui, la situation est bien différente : les tensions géopolitiques mondiales, les crises économiques récurrentes et les mutations technologiques ont fait exploser le chômage dans les pays riches et comprimé les salaires dans de nombreux emplois. Quant à la couverture des pensions de retraite par un nombre suffisant d'actifs[9], elle est en train de s'effondrer, menaçant la pérennité du système, sauf à augmenter fortement les prélèvements sur les salaires ou allonger de façon significative la durée du travail… L'hypothèse de baisser les pensions est rendue délicate d'abord parce que c'est un tabou syndical, ensuite parce que le poids social, politique et électoral des retraités est devenu dissuasif.

Retraité ou presque retraité, voilà votre situation : une mise à l'écart sociale, une image d'oisif bien rémunéré, gros consommateur de dépenses médicales, souvent propriétaire de son logement, et jouissant de pensions auxquelles les générations suivantes n'osent même plus rêver… Et tout cela sous le regard de générations d'actifs moins rémunérés, obligés d'accepter des emplois souvent précarisés[10] par des pratiques disruptives et féroces, et vraisemblablement contraints de travailler plus longtemps. Le contraste est saisissant et, même si vous n'y êtes personnellement pour rien, il y a là de quoi créer parmi vos successeurs professionnels quelques jalousies compréhensibles, quelques animosités et envies de revanche.

Tous ces sentiments sont explicables et légitimes. Mais ils ne vous obligent pas à oublier vos projets ni à renoncer à une véritable « seconde vie » après celle que vous avez aimée. Ne cédez pas à la tentation d'un repli de coupable. N'acceptez pas l'idée de rester tranquille, d'oublier vos projets et de faire le gros dos en attendant que le temps passe. Il vous reste une bonne vingtaine d'années pour mener la vie qui vous fait « en-vie » ! Vingt ans de plus pour être heureux…

À l'école de la vraie vie

Ce livre est né à la suite d'une belle aventure conduite avec des groupes de chefs d'entreprise du bâtiment sur le point de céder ou de transmettre leur entreprise et donc de « partir en retraite ». Ainsi, il a été écrit à partir d'échanges avec de vraies gens, hommes et femmes, qui se posaient de vraies questions et souhaitaient partager avec d'autres leurs doutes, leurs inquiétudes ou leurs projets. Il est donc né dans et de la vraie vie !

L'entreprise, quelles qu'en aient été la taille et l'activité, avait été au centre de leur existence pendant plusieurs dizaines d'années. Leurs métiers, leurs chantiers, leurs compagnons, leurs clients avaient occupé leurs jours et leurs nuits, par grand beau temps économique et pendant les tempêtes. Tous, ils avaient aimé, et souvent adoré, leur métier de « patron ».

Mais cette relation très affective avec leur travail devait bien se terminer un jour : l'entreprise serait dirigée par quelqu'un d'autre, car telle était la nature des choses. Quand ce moment arrive, beaucoup de transmissions se passent à l'intérieur de la famille, le dirigeant cédant les rênes, en une seule fois ou par étapes, à une fille, à un fils ou à un autre membre de la famille. La cession peut également se faire en faveur d'un ou de plusieurs salariés de l'entreprise dont une longue collaboration préalable a permis d'identifier l'intérêt et les compétences pour une reprise. Le troisième scénario possible est le rachat de l'affaire par une personne extérieure, souvent un cadre du secteur tertiaire désirant voler de ses propres ailes, se frotter à la « vraie vie » et se réserver à lui-même les fruits de son talent.

Dans les deux premiers types de transmission, les futurs « repreneurs », familiaux ou non, ont déjà travaillé dans l'entreprise. Ils en maîtrisent donc très souvent les métiers. En revanche, les compétences nécessaires aux fonctions de direction, appelons ça le « métier de dirigeant », leur manquent généralement.

Pour combler cette lacune, qui peut réellement menacer la réussite d'une transmission-reprise, la Fédération française du bâtiment[11] a créé une école destinée à former les futurs repreneurs à leur métier de dirigeant : l'École supérieure des jeunes dirigeants du bâtiment[12].

C'est cette même école qui a décidé de proposer aussi le stage « Construire ma nouvelle vie d'entrepreneur » aux dirigeants sur le point de céder leur affaire aux élèves, futurs repreneurs, en cours de formation. Dès ses débuts, cette initiative originale avait deux objectifs :

- éviter au cédant le choc des « jours d'après » la cession, dont les conséquences négatives, voire dangereuses, sont trop souvent sous-estimées ;
- prévenir les incidents ou accidents de transmission[13] dont de fausses raisons masquent très souvent les vraies inquiétudes ou les hésitations inconscientes du cédant sur le point de quitter sa « vie d'avant »…

Des questions que chacun se pose(ra) pour réussir sa « seconde vie »

Les nombreux échanges de ces hommes et de ces femmes en passe de changer de vie, les questions profondes qu'ils ont été amenés à poser, seuls, en groupe et parfois en couple, les doutes, les envies, les peurs et toutes les émotions ressenties devant l'inconnu et exprimées pendant le stage, voilà les moments de « vraie vie » qui ont été à l'origine de ce livre. Ils ont fourni l'essentiel de la démarche et validé son fonctionnement.

Sur le modèle des objectifs du stage et en suivant sa logique pragmatique, nous avons voulu aider nos lecteurs à trouver les bonnes réponses aux questions que chacun se pose au moment de quitter son travail afin qu'ils parviennent à mettre en place la construction d'une « seconde vie », en lieu et place d'une sinistre retraite. Bref, il s'agit bien de s'organiser pour aborder sa « vie d'après » avec, entre les mains, un projet élaboré, réaliste et concret, construit avec méthode et organisé avec rigueur.

Ces réflexions et ces propositions dépassent très largement le seul cadre des entreprises de bâtiment et de leurs dirigeants. Elles concernent toutes celles et tous ceux qui ont été heureux dans leur activité professionnelle, qui ont aimé leur métier, qui ont aimé travailler, mais qui, comme la plupart d'entre nous, devront un jour ou l'autre « partir en retraite » et céder à quelqu'un d'autre l'exercice de leur métier et ses plaisirs. Ils se poseront alors une question légitime et cruciale : Que vais-je devenir maintenant ?

On peut même penser que, si la question n'est pas lucidement posée avant la fin programmée de la vie professionnelle, elle viendra s'imposer d'elle-même une fois passée l'illusion euphorique d'un temps libre sans contrainte et d'une liberté sans limites. Effectivement, que faire de tout ce temps devenu ouvert et sans limites parce qu'il est vacant ? Et que vais-je devenir… si je n'ai pas choisi où je veux maintenant aller ?

Plutôt que d'accepter la défaite navrante d'une « retraite » subie et improvisée à tâtons, ce livre invite ceux qui vont quitter leur métier, mais également ceux qui l'ont récemment quitté, à imaginer, à inventer puis à créer par eux-mêmes le cadre d'une nouvelle vie dans laquelle ils sauront être heureux, même si c'est ailleurs et autrement…

Il n'est jamais trop tard pour être heureux. Encore faut-il le décider, et c'est l'invitation que vous adresse ce livre !

---

[1] Titre et paroles d'une chanson écrite et composée par Serge Gainsbourg (1967) à la demande de Brigitte Bardot.
[2] *Nouveau Testament*, Jean 2,13-21.
[3] Ce tropisme des Français pour un socialisme bien-pensant illustre à merveille la célèbre formule de Chesterton (1874-1936) : « Le monde moderne est plein d'anciennes vertus chrétiennes devenues folles », dans *Orthodoxie III* (1908).
[4] Pour les calvinistes, qui croient en la prédestination, la réussite économique par le travail est souvent considérée comme un indice du salut éternel à venir…
[5] *Au-delà de cette limite, votre ticket n'est plus valable*, Romain Gary, Éditions Gallimard, 1975.

[6] Cette formule, créée par Jean Fourastié en 1979, désigne la période de forte croissance économique et d'amélioration rapide des conditions de vie dont ont profité la plupart des pays développés entre 1946 et 1975.

[7] Le baby-boom exprime l'augmentation importante du taux de natalité dans certains pays survenue après la fin de la Seconde Guerre mondiale. La période du baby-boom s'étend de 1945 jusqu'au milieu des années 1970 pour la plupart des pays occidentaux. Durant les vingt premières années du XXIe siècle, les baby-boomers partent massivement en retraite, créant par là même un nouveau bouleversement socio-économique : le papy-boom.

[8] Le système de retraite « par répartition » consiste à alimenter par les cotisations basées sur les revenus professionnels des travailleurs en activité les caisses de retraite qui servent au paiement des pensions des retraités au même moment.

[9] En 1960, il y avait 4 salariés actifs pour 1 retraité ; en 2010, 1,8 pour 1 ; en 2020, il y a 1,7 salarié actif pour 1 retraité et, en 2050, on prévoit 1,2 actif pour 1 retraité…

[10] Ubérisation, CDD multiples, intérim, microentreprise…

[11] La FFB est un syndicat patronal, membre du MEDEF et de la CPME, qui regroupe plus de 50 000 adhérents, dirigeants d'entreprises de tous les métiers de la construction et de toutes les tailles, des plus petites structures artisanales aux majors internationales.

[12] L'ESJDB a été créée en 1994 à l'initiative de la FFB. C'est un organisme de formation continue, totalement dédié à la formation des dirigeants, managers et entrepreneurs du BTP.

[13] Lorsqu'un problème inattendu surgit, particulièrement en fin du processus de transmission, il masque parfois une difficulté plus profonde que le cédant ressent, consciemment ou inconsciemment, avant de sauter le pas. Par exemple, des doutes soudains sur les qualités réelles du repreneur, un regret de dernière heure sur les conditions financières de la vente ou le refus d'un détail du calendrier peuvent exprimer indirectement une angoisse du cédant à l'approche de l'échéance. Des accidents, de voiture ou de santé, en sont également des manifestations extrêmes.

Introduction

De trois choses l'une...

À qui s'adresse ce livre ? C'est assez simple : à celle et ceux[14] qui vont bientôt être ou sont déjà « retraité(e)s ». En effet, nous allons parler de la « retraite », cette tranche de vie qui commence, pour la plupart d'entre nous, avec la fin de la période de travail salarié ou de l'exercice d'un métier indépendant. Si le sujet vous concerne, au moment où vous abordez ce livre, vous pouvez vous trouver dans l'une de ces trois situations :

◆ Dans la première situation, vous vous trouvez encore très en amont du jour « R » (R comme Retraite, bien entendu...), disons entre 18 mois et un an avant. Vous avez donc du temps devant vous, mais la question de la fin à venir du travail ne vous laisse pas indifférent. Qu'elle vous préoccupe ou vous intéresse, vous avez décidé de la prendre à bras-le-corps, au moins de tenter de le faire. Sinon, on peut penser que vous ne seriez pas en train de lire ces lignes... Vous avez tout le temps qu'il faut pour vous poser les bonnes questions, tout le temps qu'il faut aussi pour choisir les bonnes réponses, c'est-à-dire les vôtres. Vous êtes dans la situation idéale pour réfléchir et construire le projet de votre « vie d'après ». Vous pourrez profiter calmement et pleinement de la démarche proposée.

◆ La seconde situation vous trouve très proche du jour « R », à quelques petites semaines de l'échéance, par exemple. Il vous reste encore du temps devant vous, mais assez peu ! C'est mieux que rien, bien sûr, mais il va falloir mettre les bouchées doubles. Rassurez-vous, c'est possible ! Mais alors, mettez-vous au travail tout de suite et donnez-vous un calendrier aussi précis qu'il est serré. Et surtout, tenez-le ! Respectez à la fois les étapes (n'en sautez aucune), les échéances (pas de tricheries avec le calendrier) et les délais (attention à la procrastination[15]...), même s'ils vous paraissent un peu tendus.

◆ En revanche, vous êtes dans la troisième situation si vous avez dépassé le jour « R ». Vous êtes donc déjà « en retraite ». Après l'euphorie un peu surjouée des « pots de départ », une série de questions, parfois inattendues, plus ou moins urgentes, plus ou moins agréables, commencent à se poser. Maintenant, vous n'êtes plus dans une démarche de préparation, mais plutôt dans une logique de rattrapage. Évidemment, rien n'est perdu, mais vous réfléchirez dans un état d'esprit un peu différent : les questions étaient anticipées dans les deux premières situations, mais, dans celle-ci, vous avez déjà commencé à les toucher du doigt, à les expérimenter, à les vivre de façon quotidienne. Toutes les étapes de notre démarche vous restent néanmoins ouvertes. Mais au lieu de réfléchir sur votre futur, vous travaillerez à partir de vos premières expériences de « jeune retraité », avant, le cas échéant, de réorienter vos projets en fonction de vos souhaits et à la mesure de vos envies. Bref, vous vous poserez les mêmes questions, mais avec un peu de retard et de l'expérience en plus !

Seul(e), en duo ou en tribu ?

Aucun(e) d'entre nous ne vit de façon isolée, totalement indépendante des autres. Comme l'a écrit fort joliment John Donne, « nul n'est une île »[16]. Et nous vivons à l'intérieur de plusieurs systèmes de relations, différents, voire indépendants les uns des autres, sur lesquels nous reviendrons plus longuement. Les systèmes les plus courants (et puissants) sont les relations de couple avec un conjoint (et/ou différents ex-conjoints), les relations familiales (simples ou multiples, dites « recomposées »), d'abord avec les enfants puis avec d'autres membres, moins proches, de la tribu.

À des niveaux divers, parfois en s'imposant, ces relations seront parties prenantes de vos réflexions, de vos choix et de vos projets. Comme vous l'analyserez plus tard, quelle qu'en soit la proximité, ces éléments extérieurs influenceront vos choix. Il faudra donc identifier vos différents cercles de relations, leurs influences, parfois très discrètes sinon inconscientes, mais toujours présentes. Il faudra les gérer et souvent même les contrecarrer. Les relations de couple sont particulièrement sensibles aux changements de vie provoqués par la retraite. Le plus immédiat de ces changements, le plus dangereux aussi, bien qu'il soit malaisé d'en parler, est provoqué par la proximité soudaine et quasi permanente, nouvelle ou retrouvée, qui réunira deux personnes dont les vies se sont trouvées longtemps éloignées par le travail de l'un et/ou de l'autre. Sous le mauvais prétexte qu'elle appartient à l'intime, on néglige fréquemment cette question alors que c'est la vie quotidienne d'un couple, le fonctionnement d'un cercle de famille et de ses proches qui vont se trouver radicalement bousculés pour les années à venir. Même au risque de heurter les bons sentiments et de secouer un peu les modèles sociaux classiques, il sera toujours plus sain d'oser s'interroger sereinement et lucidement que de laisser une situation nouvelle évoluer de façon inattendue et dangereuse vers des conflits ou des résignations.

Dans la troisième étape de notre démarche, nous analyserons la place que les « autres », des plus proches aux plus éloignés, peuvent prendre dans un projet de nouvelle vie. Il sera question de choix à défendre, de respect et de lucidité. L'égoïsme sain est un droit que le nouveau ou futur retraité doit protéger. Cette exigence sera d'autant plus reconnue par les autres que vos projets seront clairs, solides et assumés. Car la retraite n'est pas le temps de l'altruisme béat, ni celui des résignations qui empoisonnent. C'est votre deuxième vie, une vie choisie et construite, une vie que vous rendrez aussi épanouissante que la vie professionnelle que vous quittez. Alors, osez dire « Je », osez dire « Je veux », osez dire « J'ai envie ». Vous laisserez à ceux qui s'en contentent le rabâchage morose du passé et la frustration monotone des prochaines années... Comme le dit superbement le poète René Char : « Impose ta chance, serre ton bonheur et va vers ton risque. À te regarder, ils s'habitueront. »[17]

Ce temps qui reste, rare et précieux...

La belle et libre démarche à laquelle nous vous invitons est fondée sur quelques convictions dont nous avons pu mesurer

« dans la vraie vie »[18] la pertinence et l'utilité. La première d'entre elles est une évidence : si vous ne faites rien pour préparer votre deuxième vie, vous passerez votre vingtaine d'années à venir en subissant les événements, en supportant les pressions extérieures et, pour finir, en regrettant le bon temps d'avant. Mais le temps, justement, est une denrée très périssable, qui ne se renouvelle pas et s'use, contrairement à la fameuse pile Wonder[19], même (et surtout…) si l'on ne s'en sert pas. Ne rien préparer, ne rien organiser et confier au hasard votre seconde vie est la plus sûre façon de la gaspiller.

La seconde conviction, c'est qu'on doit investir autant de temps, de matière grise et de travail dans cette seconde vie comme on l'a fait pour la première, il y a quelques dizaines d'années. Si l'on ajoute à ce travail les acquis de l'âge adulte et l'expérience accumulée à travers les succès et les échecs rencontrés pendant la vie professionnelle, on dispose alors de tous les moyens pour que ce temps qui reste soit une construction réussie. En effet, ce capital d'expériences acquises apportera un socle solide à la préparation de la suite. Il est d'autant plus utile qu'une démarche de préparation de votre deuxième vie n'est ni commune, ni banale, ni répandue. Elle ne va pas de soi et va même à l'encontre des comportements habituels et acceptés.

La troisième conviction est que la préparation la plus efficace a besoin d'une méthode et de quelques outils, même s'ils n'ont pas d'effet magique ! Il s'agit simplement d'organiser, logiquement et chronologiquement, des questions lucides et des réponses à la fois personnelles et réfléchies. Rien de tel que quelques outils simples pour guider et soutenir ce travail ! Notre démarche, c'est d'abord et surtout du bon sens organisé pour être utile. En effet, toutes les questions importantes oubliées et toutes les réponses bâclées se rappelleront à vous, mais à contretemps, quand il sera trop tard, ce qui vous donnera la très désagréable impression de tourner en rond. Votre seconde vie doit se préparer et se construire selon une logique et une démarche de projet, logiquement et pas à pas. Elle vous demandera plus de méthode, de rigueur et de constance que de génie… Mais si, en plus, vous faites preuve d'imagination et de créativité, ce sera formidable !

Une stratégie en cinq étapes vers votre nouvelle vie

Un projet réussi, c'est donc une démarche structurée, un parcours organisé en plusieurs étapes bien définies. Chaque étape vous propose de travailler, à sa place et en son temps, sur une partie de la question. Les résultats de l'étape d'avant sont donc tout à fait naturellement les prémices de l'étape suivante... d'où l'importance de travailler dans le bon ordre !

Pour bâtir votre nouvelle vie, nous vous proposons cinq étapes :

◆ Première étape : <u>explorer les plaisirs professionnels de votre vie de travail</u>

Dans la culture française, on considère généralement le moment de la retraite comme celui des abandons : tout ce que votre métier, votre situation ou votre carrière vous ont apporté de plaisirs, de satisfactions (évidents ou plus cachés, nous y reviendrons), tous ces bonheurs liés à l'exercice de votre profession, il faudrait les oublier ! Vous devriez y renoncer, quoi qu'il vous en coûte, avec votre métier ! La retraite serait donc avant tout le détachement programmé de ce que vous avez légitimement[20] aimé... Quel triste programme ! Reconnaissons cependant que cette idée castratrice et mortifère est la plus répandue...

Eh bien ! Notre proposition, notre invitation sont à l'exact opposé : vous allez repérer, nommer et lister tout ce que vous aimez, ou avez aimé, dans votre vie professionnelle, tout ce que l'exercice de vos métiers a pu vous apporter de plaisirs, de satisfactions, de jouissances, bref, de bonheur... Tout cela, même si ce n'est pas dans nos habitudes, il faudra en faire un inventaire joyeux et candide. Savoir ce que l'on aime, le reconnaître et se le dire à soi-même, c'est d'abord refuser de l'abandonner et s'interdire de l'oublier, non pas pour tenter de le prolonger au-delà du raisonnable, mais pour se donner une chance de le retrouver ailleurs et autrement... Ces « ailleurs et autrement » seront donc l'objet d'une autre étape, la quatrième.

◆ Deuxième étape : <u>identifier les plaisirs professionnels auxquels vous tenez le plus</u>

Après avoir identifié et soigneusement listé tous les plaisirs de votre activité professionnelle, il reste à décider ce que vous allez en faire par la suite. Pour chacun d'eux, vous pourrez choisir :

- soit de le conserver, donc vous organiser pour y parvenir avec tous les inconvénients et tous les dangers que peut représenter cette prolongation « volée » en dehors des limites…

- soit d'y renoncer en toute connaissance de cause, avec le risque de la frustration ou des regrets possibles…

- soit de le retrouver « ailleurs et autrement », donc inventer et mettre en place un nouveau contexte, de nouvelles circonstances dans lesquels vous pourrez retrouver, mais d'une façon différente, ce que vous avez tant aimé dans votre vie professionnelle. Il s'agit bien là d'une recréation, d'une véritable transplantation !

◆ Troisième étape : <u>surveiller la position, le point de vue et le rôle des autres</u>

La retraite, cette fin de la période d'activité professionnelle codifiée et mythifiée, est un phénomène à la fois individuel et social. Pour la plupart d'entre nous, ce moment obéit à des règles et des usages. Il est mis en scène et fait (trop) souvent l'objet de rituels de plus ou moins bon goût, comme les sinistres « pots de départ », les discours lénifiants et les cadeaux collectifs taquins, avec bonne humeur et champagne obligatoires… Ces coutumes, aussi désuètes qu'invariables, soulignent que le passage « en retraite » est un moment éminemment « social ». Certes, il concerne au premier chef le nouveau ou futur retraité, mais également les différents cercles sociaux auxquels il appartient : un couple, une famille, des relations amicales et de voisinage, des relations professionnelles et différents autres cercles sociaux (clubs, églises, groupes philanthropiques, sportifs, de loisirs, etc.). Chacun de ces cercles constitue un « système de relations » qui se trouvera touché, bousculé, voire chahuté par le changement de statut du nouveau retraité.

Il conviendra d'anticiper ces évolutions à venir, de les gérer et, le cas échéant, de s'en protéger. Car le nouveau retraité, supposé dégagé de toute obligation et disponible à temps complet, devient *illico* une proie facile, corvéable à merci pour le service des autres, y compris des plus proches… Attention, il y a danger, surtout si un inconscient imprégné de remords vous incite à vous faire pardonner une suroccupation professionnelle antérieure !

◆ Quatrième étape : changer tout (le contexte) pour que rien (de ce que vous aimez) ne change

Le travail suivant va porter précisément sur ces « ailleurs et autrement » qui vous permettront de retrouver le ou les plaisir(s) que vous tenez à cultiver encore après la fin de votre vie active. La question est donc maintenant la suivante : Où et comment vais-je pouvoir retrouver les principaux plaisirs (ceux-là que j'ai identifiés comme importants) de ma vie d'avant ?

Nous partirons d'une analyse rapide, mais précise de la nature même du plaisir que vous voulez retrouver. Vous vous demanderez, le stylo à la main, ce qui a fait que vous avez particulièrement aimé cet aspect de votre travail passé. Nous ferons donc appel à vos souvenirs, aux situations, aux sensations qui vous ont marqué.

Après cette exploration gourmande, vous serez invité à inventer ou à retrouver, par analogie des situations, des cadres totalement différents, bien sûr, mais susceptibles de vous apporter les mêmes satisfactions et les mêmes sensations de plaisir. Ainsi, pourrez-vous imaginer différents « ailleurs et autrement » possibles parmi lesquels, après réflexion, vous pourrez faire votre choix.

Si la question est simple, les réponses ne vont pas de soi… Mais l'enjeu est de taille : il s'agit bien de faire appel à toute l'imagination et toute la créativité dont vous serez capable, pour reconstruire le cadre d'une vie heureuse à venir, heureuse parce qu'elle pourra nous apporter une nouvelle fois ce que vous avez beaucoup aimé durant vos années d'avant.

◆ Cinquième étape : <u>construire avec méthode le projet de votre nouvelle vie</u>

Parvenu à ce point de vos réflexions, vous allez vraiment pouvoir commencer à organiser et construire, précisément et concrètement, ce que seront les prochaines années de votre vie. À ce stade du travail, le mot « construire » n'est pas là par hasard. En effet, une construction solide ne doit rien au hasard, mais tout à la volonté et à la méthode. C'est le suivi rigoureux de quelques règles, elles aussi, de bon sens, et le respect scrupuleux d'un calendrier qui feront la différence entre un vrai projet de nouvelle vie, solide et réaliste, et un rêve trompeur, aussi séduisant soit-il.

Vous allez alors travailler selon le « mode projet » et avec ses outils classiques pour élaborer concrètement le cadre de votre prochaine vie. Vous le ferez en exprimant les résultats que vous voulez atteindre, avec des mesures et des échéances. Vous découperez en différentes étapes le chemin, le meilleur, pour y parvenir. Vous préciserez enfin les aides éventuelles et les moyens dont vous aurez besoin pour réussir. À ce moment, le plan de votre construction sera clair, les fondations seront solides et vous pouvez commencer à monter les murs de votre édifice. Il ne restera plus qu'à « faire » ! Et vous le verrez tout de suite : ça marche très bien, parce que l'essentiel est déjà joué.

Avec de la méthode et des outils

Chacune des cinq étapes que nous venons de décrire rapidement est conçue, organisée et instrumentée pour vous aider sur différents points :

- poser les bonnes questions, pertinentes et dans le bon ordre ;

- formaliser des réponses justes, c'est-à-dire celles que vous choisissez en toute connaissance de cause et pour la seule raison qu'elles vous conviennent ;
- passer à l'étape suivante sans perdre de vue vos objectifs...

Pour chaque étape, nous vous proposons différents outils pour bien comprendre les objectifs à atteindre et la nature des choix à faire. Comme vous le constaterez rapidement, il n'est pas question de rechercher des réponses exactes, et cela, pour la simple raison qu'il n'en existe pas ! Il s'agit uniquement de faire vos choix et de décider en toute lucidité. Les seules « bonnes réponses » envisageables aux questions posées seront donc... les vôtres, celles qui exprimeront au mieux vos choix, vos décisions lucides et vos envies de futur.

Pour chacune des étapes, vous trouverez :

- des explications et des analyses qui expliciteront de façon approfondie le thème sur lequel nous vous invitons à travailler, ses enjeux et les questions qu'il soulève ;
- une présentation détaillée de la démarche, telle qu'elle fonctionne pour l'étape en question. Elle est illustrée par des exemples qui, le plus souvent, sont traités directement sur les documents-outils associés à la démarche ;
- une collection de documents-outils que nous avons appelés les fiches **Jalon 1** à **Jalon 10**. Pourquoi « jalon » ? Parce que cette série de 10 balises « jalonnent » la démarche en formalisant les questions et les réponses que vous êtes invité à travailler ;

Un jeu complet de ces fiches **Jalon 1** à **Jalon 10** est disponible à la fin de ce livre. Vous pourrez en faire autant de copies que vous en aurez besoin !

- enfin, un exemple conduit sur l'ensemble des étapes et présenté sur la totalité des fiches Jalon. Bien sûr, il ne peut pas présenter tous les détails d'une situation réelle qui, en tout état de cause, ne vous concernerait pas directement. Cependant, les cinq étapes sont toutes abordées et elles illustrent à la fois les questions à vous poser et l'utilisation, même si elle est parfois un peu succincte, des différentes fiches et la façon d'y porter vos réponses. Cet exemple est davantage une illustration qu'une démonstration !

◆ Ne considérez pas que ces documents sont inutiles, superflus ou même simplistes... Ils ont la fonction et l'intérêt de ce qui est formulé puis couché sur le papier. Ce sont des remarques et des choix que vous formulerez explicitement d'abord à votre propre intention. Une formulation claire et une écriture précise attesteront toujours que vous avez réellement réfléchi et décidé, bien davantage que de simples idées qui s'envoleraient, chassées par les prochaines qui vous viendraient à l'esprit. *Scripta manent...*, « les écrits restent », disaient les Latins !

Ainsi, ces documents d'un usage facile fixeront vos intentions et vos décisions « de vous à vous » puisqu'ils ne sont destinés qu'à vous-même. Ils ne concernent personne d'autre, mais, par là même, ils vous engageront. De plus, les résultats des réflexions et des choix ainsi formalisés clairement sur les documents d'une étape serviront de point de départ, de fondement à l'étape suivante. Ils vont donc à la fois jalonner, structurer et donner forme à vos travaux jusqu'à la conclusion de votre projet.

Le dossier ainsi constitué par les documents remplis à chacune de vos étapes, ce sera un peu le « cahier des charges » d'un contrat que vous aurez passé avec vous-même pour réussir ce que vous avez décidé de faire : préparer et construire votre « vie d'après », cette nouvelle vie que vous voulez à votre goût, pleine et entière, ces prochaines années.

---

[14] Pour simplifier l'écriture de ce texte et en faciliter la lisibilité, nous avons fait le choix grammatical du masculin neutre. Après celle que vous venez de lire,

toutes les formulations seront donc d'apparence masculine, mais elles concernent évidemment aussi les femmes qui sont ou vont être en retraite et veulent s'y préparer. Par ailleurs, n'en déplaise au féminisme combattant, je n'ai pu me résoudre à l'écriture inclusive, aussi illisible que laide et ridicule…

[15] La procrastination est une tendance fâcheuse à toujours remettre au lendemain ce que l'on pourrait faire aujourd'hui. Le « procrastinant » ne parvient jamais à se mettre au travail…

[16] « Nul n'est une île, en soi suffisante
Tout homme est une parcelle de continent, une partie du tout. »
Ces vers célébrissimes du poète et prédicateur anglais John Donne (1572-1631) ont été plusieurs fois repris par différents auteurs. Entre autres, ils servent de titre au livre du moine cistercien américain Thomas Merton (1915-1968), *No man is an island* (1955) ainsi qu'au film documentaire de Dominique Marchais.

[17] René Char (1907-1988), *Les Matinaux* (1950).

[18] Voir l'Avant-propos (pages 10 et suivantes) qui explique comment sont nés ce livre et le séminaire de chefs d'entreprises qui a été à son origine.

[19] Créé en 1958, « La pile Wonder ne s'use que si l'on s'en sert » est certainement l'un des plus connus des slogans jamais attachés à une marque française au XXe siècle.

[20] Même si, toujours dans notre culture française, il est malvenu et, très souvent mal vu d'aimer son métier, son travail ou son entreprise et, plus encore d'oser le dire !

Première étape

Explorer les plaisirs professionnels de vos années de travail

Une enquête gourmande sur votre vie d'avant

Nous sommes bien d'accord : vous allez bientôt mettre un terme à votre vie professionnelle, vous allez quitter votre métier, votre employeur si vous avez été salarié, votre entreprise si vous avez été patron ou encore votre activité libérale si vous avez exercé ce type de travail. Il se peut aussi que vous ayez déjà quitté tout ça depuis quelque temps si vous êtes, selon l'expression consacrée qui s'apparente à un oxymore, un « jeune retraité ». Dans ces deux cas, vos dizaines d'années de travail restent sans doute bien présentes à votre esprit. Et c'est sur ce matériau toujours intact et encore vivant que vous allez travailler.

À la notion de retraite, on associe généralement l'idée de la fin de quelque chose et le début d'une série de renoncements : fin de l'exercice d'un métier, fin des relations humaines avec des collègues, des confrères, des clients ou des partenaires, mais surtout renoncement aux différents plaisirs et aux satisfactions variées que vous avez trouvés dans ces activités professionnelles. Ce moment met aussi un terme à ce que vous avez moins apprécié ou carrément détesté, comme cela arrive dans tous les postes et toutes les structures : les contraintes, les rythmes tendus, la fatigue, les corvées, les relations désagréables ou les travaux déplaisants… Car il n'existe sans doute aucune activité humaine purement agréable et totalement satisfaisante, en dehors des rêves et des promesses d'embauche !

Venons-en à notre sujet ! Ce que nous vous proposons de faire maintenant est à la fois simple à énoncer et un peu plus difficile à réaliser, tout simplement parce que nous ne sommes pas habitués à la pratique d'un retour bienveillant sur soi… En effet, vous allez vous intéresser très précisément à ce que vous avez le plus aimé dans l'exercice de vos activités professionnelles, et cela, au cours de toutes les étapes de votre carrière. Vous examinerez avec attention tous les métiers que vous avez exercés, à tous vos postes, chez tous vos employeurs et dans toutes vos entreprises. Il s'agit de dresser l'inventaire, le plus honnête et le plus complet possible, de tout ce qui, dans vos différents épisodes professionnels, vous a apporté plaisirs, joies, émotions, satisfactions, etc. Bref, dresser un inventaire lucide et méthodique de ce que vous avez le plus aimé dans votre travail. Peu importe le vocabulaire et les qualificatifs que vous choisirez pour exprimer vos sentiments. La seule chose importante est qu'ils aient représenté une part véritable, aussi petite soit-elle, de ce que l'on peut appeler, sans trop d'emphase, votre bonheur professionnel et qu'ils restent bien présents parmi les bons et très bons souvenirs. L'objectif n'est pas de vous livrer avec complaisance à une archéologie narcissique de vos mérites passés ! L'important est de reconnaître, et aussi de vous dire à vous-même, ce à quoi vous avez été le plus sensible pendant les dizaines d'années que vous avez passées au travail. Faites cette recherche avec sérieux et en prenant tout votre temps…

Mais pourquoi donc cet exercice et, qui plus est, pourquoi porter vos réponses sur le papier ? Les souvenirs plaisants ancrés dans notre esprit ne sont-ils pas suffisants ? A-t-on vraiment besoin d'écrire noir sur blanc ces évidences chaleureuses dont la seule remémoration suffit souvent à raviver les plaisirs anciens ?

La réponse à cette question réside dans l'utilisation que nous vous proposerons de faire de cette liste personnelle, totalement privée, qui consigne ce que vous avez vécu de meilleur en travaillant. Et c'est très simple : plutôt que de vous résigner à laisser tout cela au rayon des abandons frustrants, vous allez tout faire pour conserver l'essentiel et retrouver ce à quoi vous tenez le plus. Alors, plus vous serez exhaustif, plus vous serez précis dans l'inventaire de vos plaisirs professionnels passés, plus vous aurez de chances de retrouver ceux que vous choisirez de conserver. Dans notre démarche, « retrouver » signifiera simplement les recréer à l'identique, mais dans un autre contexte et avec d'autres moyens.

Prenons un exemple simple et gourmand ! Imaginez que vous adorez le goût frais et acidulé des cerises cueillies sur l'arbre... Bien sûr, vous vous régalez d'abord pendant toute la saison, entre mai et juillet. Mais qu'allez-vous faire une fois passée cette période ? Eh bien, comme nous l'avons dit plus haut, vous avez les moyens de retrouver « ailleurs et autrement » le goût typique du fruit que vous aimez tant. Par exemple, il pourra s'offrir à vous en dehors de la saison dans une cuillère de bonne confiture, dans une lampée de sorbet ou une gorgée de sirop, ou encore dans un petit verre de kirsch ! Vous parviendrez à retrouver la volupté typique des cerises sur un autre mode et par une autre voie, une fois rendu impossible le plaisir saisonnier des cerises fraîchement cueillies. C'est à ce travail de recréation de vos plaisirs professionnels, ceux-là mêmes qui sont rendus caducs par la fin de votre activité, que vous invitent les chapitres de ce livre, en suivant les cinq étapes de notre démarche.

Si la cueillette de l'année suivante vient bien renouveler le plaisir gourmand des cerises fraîches, le jour de la retraite mettra bien un point final à ce que vous avez aimé dans votre travail. Pour en retrouver le goût, il s'agira donc bien d'une reconstruction. Et ce travail suppose évidemment d'avoir commencé par identifier ce que vous allez recréer. De plus, vous aurez bien pris acte qu'une éventuelle prolongation n'aurait sans doute pas de sens...

Dans notre culture, plaisir et légèreté vont bien de pair et nous ne sommes guère habitués à parler de travail et de rigueur ni à mettre en œuvre une méthode et des outils quand il s'agit de nos plaisirs ! C'est pourtant ce qu'il y a de plus raisonnable et, sans doute, de plus utile. Pensez aux joies de la création artistique ou des performances sportives : elles ont été préparées par un cocktail unique de travail, d'apprentissage, d'entraînement méthodique et de talent. Et les jubilations qu'ils procurent sont à proportion de l'énergie, du temps et du travail investis pour les préparer. Ce sera la même chose pour votre « seconde vie » : vous y retrouverez les plaisirs et les joies que vous aurez choisi de garder, recréés et cultivés par vous-même.

Quant à la méthode que nous vous proposons de suivre, elle vous servira de garde-fou pour éviter deux risques : celui de l'à-peu-près et celui de l'abandon. Car votre prochaine vie, ces vingt années (en moyenne), qui se présentent à vous, méritent tout votre sérieux. Voilà pourquoi nous vous invitons à travailler précisément sur les questions posées, dans l'ordre qui vous est proposé, et de le faire par écrit. Car le fait d'écrire donnera du poids, de la réalité et de la consistance à vos idées. Le vocabulaire que vous choisirez apportera plus de précision à vos choix. On peut bricoler un peu avec les paroles échangées, plus difficilement avec les mots écrits ! De plus, qu'ils soient sous vos yeux ou cachés entre vos feuillets, vos écrits demeureront. Ils auront la permanence rassurante et utile d'un contrat avec vous-même.

Ce que vous lirez et relirez, c'est ce que vous vous serez dit à vous-même auparavant. Vous ne risquerez donc ni de l'oublier ni d'en modifier l'importance, comme on pourrait le faire avec des pensées ou des paroles, en fonction de l'humeur du moment. Chaque phase de votre réflexion et chacun de vos choix seront fixés dans des mots, des notes, des remarques écrits qui conserveront leur rôle et leur importance. Ces écrits organisés seront autant de pierres visibles, calibrées et assemblées pour bâtir vos projets de vie, étape après étape. Dans la construction d'un édifice, il n'y a pas de place pour l'amateurisme ou l'improvisation. C'est la rigueur de la construction qui garantit la qualité et la solidité de l'ouvrage. Ce livre et cette démarche vous invitent tout simplement à pratiquer cette rigueur dans la construction de votre prochaine « vie d'après ».

Ces différents documents sur lesquels vous inscrirez vos idées et vos choix, vous le savez déjà, nous les avons appelés les fiches Jalon. Leur numéro signale tout naturellement l'ordre dans lequel vous serez invité à les utiliser.

Par ailleurs, la méthode et les outils vous éviteront un piège qui fait souvent échouer les meilleures et plus solides intentions : la confusion fréquente entre rêves et projets… Certes, d'un rêve peut parfois naître un projet. Mais à condition de changer de registre. Bien sûr, les deux concernent un avenir, mais les rêves ne quittent pas les limbes des possibles, des « peut-être », des « j'aimerais bien ». En revanche, le projet prend le réel à bras-le-corps. Il s'ancre dans la réalité de résultats définis, de dates choisies et de mesures possibles. Les étapes d'un projet[21] s'inscrivent dans un calendrier et aboutissent à une réalité tangible. Les documents que vous utiliserez, les choix et les décisions que vous y inscrirez dans des mots formaliseront concrètement votre ambition. Ils baliseront votre progression vers l'achèvement de votre projet : la recréation, ailleurs et autrement, de ce dont la retraite va vous priver.

Vers le Jalon 1

Pour commencer, vous n'avez besoin que du document vierge Jalon 1 (Figure 1-1), de quoi écrire, d'un peu de temps et de beaucoup de tranquillité. Ce que vous allez faire maintenant est important : ce premier travail vous fournira le matériau brut à partir duquel vous construirez toute la suite. Consacrez-lui le temps nécessaire, car c'est un peu un socle, et il doit donc être solide. Bien sûr, vous aurez toujours la possibilité d'y revenir en cas de « repentir »[22], mais ce sera un peu plus compliqué par la suite. Rappelez-vous que chaque moment du travail prépare le suivant et lui fournit son matériau jusqu'à ce que vous ayez achevé la démarche.

Nous avons évoqué plus haut l'importance des documents sur lesquels vous noterez vos idées et vos choix au fur et à mesure que vous parcourrez les cinq étapes de la démarche proposée. Toutes les questions qui vous seront posées vous inciteront à renseigner un document dont le rôle, les fonctions et le « mode d'emploi » seront à chaque fois expliqués.

Voilà donc ce que vous allez faire maintenant :

Répondez par écrit, le plus simplement et le plus concrètement possible, à la question suivante :

Dans l'exercice de vos métiers, dans les différentes structures

où vous avez travaillé pendant toutes vos années actives, qu'avez-vous aimé ?

Jalons vers une seconde vie...   **Jalon 1**

Les plaisirs et les satisfactions de ma vie professionnelle

☺ *J'ai aimé, un peu, beaucoup, passionnément...*

☐
☐
☐
☐
☐
☐
☐
☐
☐
☐

Figure 1-1

En haut du document, vous pouvez lire :

J'ai aimé, un peu, beaucoup, passionnément...

Alors, allez-y, commencez votre liste, sans ordre préconçu, sans catégories ni hiérarchie.

◆ Laissez vos bons souvenirs professionnels affleurer à votre esprit et notez-les comme ils vous viennent…

Il ne s'agit pas de relever les événements, les personnes ni les circonstances de ces plaisirs, mais les plaisirs eux-mêmes.

Ainsi, vous n'écrirez pas :

J'ai aimé former Alain Durand à la démarche commerciale.

Mais plutôt :

J'ai aimé transmettre mes compétences.

Ou encore, vous ne noterez pas :

J'ai aimé signer le contrat de conseil avec l'entreprise Untel.

Mais plutôt :

J'ai aimé négocier et convaincre.

◆ L'ordre dans lequel les idées vous viennent n'a pas d'importance. Notez-les selon leur arrivée : il n'y a pour le moment ni organisation, ni classification, ni hiérarchie.

◆ Vous constaterez sans doute que l'élaboration de la liste de vos plaisirs professionnels ne va pas de soi. Vous sentirez des réticences. Vous devrez un peu « forcer » vos souvenirs et vous y reprendre à plusieurs fois. Il n'y a rien là que de très normal : de nombreux moments clés de vos différents postes sont déjà très lointains, mais, surtout, nous ne sommes pas habitués à explorer les zones plaisantes de notre mémoire… Dans notre culture, on stocke et on se remémore plus volontiers les moments moins agréables : les incidents, les accidents et les échecs. Leur rémanence parmi les souvenirs est également plus forte et il est bien plus facile de les réactiver.

◆ Prenez votre temps : laissez reposer votre projet… Relisez votre liste… Revenez-y pour la compléter. N'hésitez pas à faire ce travail d'archéologie agréable en le déroulant sur plusieurs jours. Et n'oubliez pas : vous devez être le plus complet possible et ne rien oublier d'essentiel !

◆ À vous de décider si vous souhaitez travailler seul, en toute intimité, ou si vous souhaitez demander un peu d'aide à un conjoint, un membre de votre famille, un ami qui vous connaît bien, voire un collègue ou un ex-collègue. Il n'y a pas de règle ni de pratique qui soient meilleures qu'une autre. Le choix vous en revient et vous choisirez en fonction de vos habitudes ou de votre caractère. Seul importe le résultat de votre travail : obtenir la liste de vos « J'ai aimé… » la plus complète et la plus riche possible.

◆ Quand vous estimerez que vous êtes arrivé au terme de votre recherche, vous aurez sous les yeux le document constituant le **Jalon 1** de la démarche. Et, en bonne logique, si vous avez apporté tout le sérieux et toute votre lucidité à cette phase, vous ne reviendrez pas dessus.

Vous avez donc en main quelque chose qui doit ressembler à la figure 1-2 (page 49).

Si vous êtes sûr d'avoir fait le plein d'idées et certain que votre liste ne peut plus être améliorée, nous pouvons passer à la suite !

Vers le Jalon 2

Maintenant, vous allez prendre le second document nommé Jalon 2 (Figure 1-3, page 50). Mais rassurez-vous ! Nous n'allons pas recommencer une seconde fois le même exercice...

Si la nouvelle question sur laquelle vous allez travailler vous paraît assez proche de la première, les réponses que nous vous invitons à faire maintenant sont de nature un peu différente. En effet, au cours du travail précédent, qui vous a conduit au Jalon 1, vous avez noté des plaisirs professionnels que l'on peut qualifier de normaux, habituels, raisonnables ou sages. Ce sont des plaisirs que vous n'avez aucune difficulté à évoquer ni à jeter sur le papier. Ce qui vous est proposé maintenant, c'est d'aller un peu plus loin et plus profond dans l'examen de vos plaisirs professionnels passés. Voici pourquoi et comment !

Avant de reprendre votre stylo, faisons ensemble un petit détour par des considérations psychologiques. Nous avons tous dans l'esprit différentes « couches » mentales, différents niveaux de conscience. Ces réalités partagées par l'humanité ont été explorées par Sigmund Freud[23], médecin neurologue qui a vécu et travaillé à Vienne avant d'émigrer à Londres. Ses travaux ont été à l'origine de la psychanalyse, de différentes branches des études psychologiques et de nouvelles pratiques thérapeutiques de psychothérapie qui n'ont cessé de se répandre partout dans le monde.

Pour revenir au travail qui nous intéresse, nous dirons très rapidement que nos couches mentales sont au nombre de trois :

- La première couche contient tout ce à quoi on peut accéder facilement et de façon parfaitement consciente. On y trouvera, entre bien d'autres choses, les souvenirs professionnels qui ne vous posent pas de problème ou de difficulté, ni pour y accéder, ni pour les évoquer, ni pour les lister par écrit.
- La seconde couche est un peu différente. On connaît moins bien ce qui y est rangé. On y trouve des souvenirs et des émotions « moins avouables » auxquels on ne cherche

généralement pas à accéder, même s'il est possible de le faire. C'est un peu une « armoire à secrets » dont on évite l'ouverture, mais dont on garde la clé dans la poche... Ce qu'elle contient a réellement existé, mais reste enfermé, souvent trop singulier et privé pour être partagé. Ce contenu très intime reste néanmoins « sous contrôle ».
- La troisième couche existe alors que nous n'en avons pas conscience. Et, justement, il s'agit de « l'inconscient » identifié et théorisé par Freud. Comme son nom l'indique, il renferme des souvenirs, venant le plus souvent de la petite enfance, qui échappent aux deux autres couches de conscience. Ils sont enfouis et verrouillés parce que leur réminiscence est (ou serait) perçue comme terrifiante. Selon les théories psychanalytiques, ils affleurent et se manifestent dans les rêves, les actes manqués[24] et les lapsus[25]... L'inconscient est aussi à l'origine des « névroses » et de ses manifestations sous la forme de malaises psychologiques et somatiques. Selon Sigmund Freud, seule la cure psychanalytique permet d'en explorer les bas-fonds tumultueux...

Entre les trois couches, que nous avons très rapidement évoquées, les choses vont et viennent. Les frontières sont poreuses entre elles. Cette porosité explique bien que certains événements dont vous êtes parfaitement conscient vont réveiller et ramener, à la conscience ou à la mémoire, des sensations, des émotions ou d'autres événements à moitié enfouis. Elle explique par ailleurs des réactions ou des sensations, le plus souvent désagréables, dont vous ne parvenez pas à identifier les causes directes puisqu'elles sont enfouies dans votre inconscient.

Les plaisirs professionnels n'échappent pas à cette répartition en différentes « couches mentales », ni à son fonctionnement. Certains d'entre eux sont enfouis, cachés bien à l'abri dans la deuxième couche que nous venons d'évoquer, celle qui est semi-consciente. On ne parle pas souvent de ce qu'elle contient et on n'a pas très envie de le faire.

Eh bien ! Maintenant, nous vous proposons de sortir la clé de votre poche, d'ouvrir votre armoire à secrets professionnels et d'identifier là-dedans les plaisirs bien réels que vous y maintenez occultés aux autres et à vous-même parce qu'ils vous semblent incongrus, inattendus, inavouables ou un peu coupables.

Même s'ils sont difficiles à reconnaître et à coucher sur le papier, vous allez les rechercher et en faire une nouvelle liste parce qu'ils ont été importants dans votre vie professionnelle et que, cachés ou pas, convenables ou moins convenables, il serait certainement dommage d'y renoncer définitivement.

Vous allez donc prendre le document Jalon 2 et répondre à la question suivante :

Dans l'exercice de vos métiers, dans les différentes structures où vous avez travaillé pendant vos années actives, qu'avez-vous aimé :

- **de plus secret, de moins facile à révéler (y compris à vous-même...)**
- **de plus intime et de moins partageable**
- **que vous voulez garder pour vous**
- **comme « avantage caché »[26] d'une situation, d'une position ou d'une action... ?**

◆ Vous pouvez lire en haut du document :

J'ai apprécié, mais un peu plus discrètement...

Et maintenant, à vous de commencer votre liste personnelle.

◆ Bien sûr, il est plus difficile cette fois de partager cette phase de réflexion avec quelqu'un d'autre : vous êtes dans un registre privé, intime et qui restera donc confidentiel.

◆ Comme pour la phase précédente, ce ne sont pas les circonstances ou les acteurs qui sont à noter, mais les plaisirs moins « avouables » et les avantages cachés à l'origine desquels elles se sont trouvées.

Ainsi, vous ne noterez pas :

Je me suis beaucoup investi dans les réunions professionnelles…

Mais plutôt :

J'ai profité de ce temps pour rester indépendant et loin de chez moi…

Ou encore, vous ne noterez pas :

Je garde un souvenir ému de la remise de ma médaille du Mérite…

Mais plutôt :

J'aime que les autres me renvoient une image valorisante de moi-même…

◆ Là encore, prenez tout votre temps et laissez-vous aller sans réticences, remords, ni culpabilité ! Vous n'êtes ni au tribunal ni en confession… Même si vous n'avez jamais eu l'occasion d'en faire état, et quelle que puisse être la raison de votre retenue, ce sont des plaisirs importants, légitimes et humains dont vous n'avez pas à vous priver. Peut-être, serez-vous juste amené à en négocier le renouvellement !

◆ N'oubliez pas que l'humour est parfois un bon allié et qu'il peut grandement faciliter une découverte joyeuse des plaisirs non dits et autres avantages cachés dont vous faites en ce moment l'inventaire !

À la fin de ce travail, vous vous trouverez devant un deuxième document qui devrait ressembler à celui qui vous est présenté à la figure 1-4 (page 51).

Vous avez donc maintenant sous la main deux documents comportant chacun une liste :

- Sur Jalon 1, vous avez listé les principaux plaisirs professionnels que vous a apportés votre vie de travail ;

- Sur Jalon 2, il s'agit de plaisirs plus personnels ou encore « d'avantages cachés » qui ne regardent que vous.

Qu'il s'agisse de l'une ou l'autre liste, l'importance à vos yeux de chaque élément, ou l'intérêt que chacun d'eux représente ne sont pas de même niveau. Ils n'ont pas le même poids. Vous ne tenez pas aux uns et aux autres avec la même force. Vous n'avez donc pas une envie égale de les conserver tous.

Voilà sur quoi vous allez porter votre attention maintenant. Mais commençons par quelques mots d'explication préalables. Pour faciliter votre réflexion et la rendre à la fois rigoureuse et fructueuse, alors que l'éloignement des souvenirs et la charge affective qui s'y attache pourraient être deux handicaps, nous vous proposons d'utiliser une méthode qui fait régulièrement ses preuves, même si c'est dans un domaine totalement différent du nôtre. En effet, nous en empruntons les principes et l'outil au monde de la santé, et plus particulièrement à la branche de la médecine qui s'intéresse à la douleur... Vous allez penser, et à juste titre pour le moment, que le monde de vos (bons) souvenirs et celui de la douleur sont assez éloignés... C'est juste ! Mais c'est la façon d'aborder les deux questions qui nous intéresse ici. Et nous allons le voir tout de suite !

Cette branche moderne de la médecine a mis au point une façon d'évaluer, de quantifier avec une précision intéressante, le niveau de douleur que ressentent les patients, évaluation qui permet de suivre son évolution relative, de choisir les médicaments et d'en ajuster le dosage de façon dynamique. Or, rien ne semble plus subjectif et personnel que le niveau ressenti de la souffrance et, sans méthode ni instrument, l'évaluation se limite le plus souvent a des affirmations peu exploitables comme « beaucoup », « plus » ou « moins »… On peut faire la même remarque pour l'évaluation d'un niveau de satisfaction et de plaisir !

En milieu hospitalier, les soignants proposent au patient une réglette portant une échelle de valeurs de 1 à 10. Celui-ci est invité à situer sur la réglette l'intensité de ce qu'il ressent, 1 pour le minimum et 10 pour le maximum.

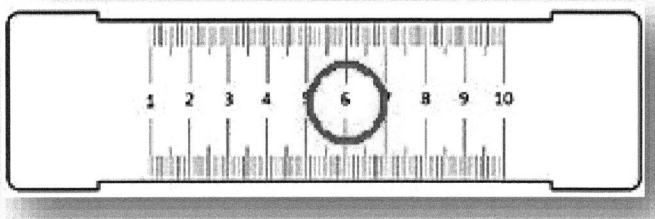

Ici, l'important n'est pas l'unité associée à la mesure : il n'y en a pas ! Mais la valeur retenue indique à elle seule une intensité. Et l'évaluation fonctionnera d'autant mieux qu'elle enchaînera plusieurs mesures, les unes étant posées par rapport aux autres pour indiquer une progression dans le temps, ou pour permettre une comparaison : *J'ai moins mal ce soir que ce matin*, ou *J'ai plus mal que mon voisin*…

Nous allons utiliser la même méthode et l'outil qui lui est associé pour attribuer une valeur quantitative aux souvenirs plaisants que vous avez consignés sur **Jalon 1** et **Jalon 2**. Vous allez donc relire vos deux listes et attribuer un score de 1 à 10 à tous les éléments qui y figurent.

Pour chacun d'eux, vous allez répondre à la question suivante :

Quel score d'importance vais-je attribuer à cet élément entre 1, si je le considère comme peu important pour moi, et 10 si, au contraire, il s'agit d'un plaisir ou d'un avantage caché que je considère comme très important ?

Vous avez bien saisi qu'il s'agit d'une évaluation purement subjective : votre opinion, votre jugement et votre évaluation. Elle n'a ni à être expliquée ni à être justifiée.

Mais pourquoi, vous demandez-vous peut-être, ne peut-on pas attribuer un score de zéro ? Tout simplement parce que, si un élément n'avait réellement aucune importance, vous ne l'auriez certainement pas noté et il n'aurait pas la moindre place dans l'une ou l'autre de vos listes. Pour y figurer, un élément doit avoir à vos yeux au moins un tout petit peu d'importance, donc, « au minimum » un score de 1… CQFD.

♦ Cependant, soyons attentifs et exigeants ! À ce moment de votre travail, le risque est de choisir… de ne pas choisir ! Dit autrement, c'est d'accorder un même score, quel qu'en soit le niveau, à plusieurs plaisirs et avantages cachés. Ce serait bien une manière de ne pas prendre de décision ! Pour travailler de façon à la fois plus exigeante et plus pragmatique, je vous propose de durcir un peu notre règle du jeu de la façon suivante : dans le choix des scores de 1 à 10, vous n'attribuerez chacune des 10 notes possibles qu'à un seul élément, qu'il appartienne à la liste des plaisirs inscrits sur le document **Jalon 1** ou à celle des avantages cachés inscrits sur **Jalon 2**. Cette façon rigoureuse de procéder aura sur votre travail plusieurs effets bénéfiques : d'abord, votre évaluation sera plus approfondie, chaque item étant valorisé en relation avec les autres. Ensuite, en vous interdisant les doublons, vous serez amené à faire des choix. Enfin, le résultat de ce travail sera mécaniquement limité à une liste de 10 items, ce qui sera largement suffisant, vous le verrez bientôt, pour la suite de votre démarche.

◆ Prenez votre temps pour relire vos deux listes et notez le score que vous attribuez à chaque élément des deux documents. Faites-le au crayon, de façon à pouvoir modifier vos choix au fur et à mesure de vos lectures et relectures. Quand vous aurez terminé un premier passage, recommencez le même travail en tenant compte des scores attribués à tous les éléments. Le résultat pour chaque item sera donc en rapport avec celui de tous les autres. Et, bien sûr, vous serez plusieurs fois amené à faire des modifications pour tenir compte des autres évaluations…

◆ Faites autant de passages que vous le jurerez utile sur les deux documents avant d'être sûr de la valeur que vous attribuez à chaque élément. Quand vous penserez avoir attribué à chaque item son score optimal, inscrivez-le de façon définitive sur Jalon 1 et Jalon 2.

◆ À la fin de ce travail, vous aurez devant vous les deux documents enrichis, l'un et l'autre, de vos évaluations.

Si vous avez suivi la règle du jeu proposée, le total des items de Jalon 1 et Jalon 2 ne peut pas dépasser 20…

Vers le Jalon 3

Nous pouvons passer maintenant à notre prochaine étape ! Elle consiste à réaliser une liste unique en mélangeant les éléments évalués sur Jalon 1 et Jalon 2. Tout naturellement, vous ferez ce travail sur le document Jalon 3 (Figure 1-5, page 52).

Vous reporterez les éléments venant de ces deux documents par ordre décroissant d'importance. Si vous trouvez des ex aequo, vous devrez décider lequel des deux a la priorité sur l'autre. Comme les deux précédents, le document Jalon 3 ne pourra pas comporter plus de 10 items. Vous devrez donc vous attacher à ce qui est le plus important et oublier les autres items. Le passage de 20 items (10 + 10) à 10 items est un bon moyen de focaliser votre attention sur l'essentiel.

Il se peut aussi que vous découvriez que certains plaisirs et/ou avantages cachés se ressemblent beaucoup et peuvent être traités en même temps. Par exemple, dans la liste de **Jalon 1**, on peut penser que les deux items suivants :

- *Mettre en place des projets et les mener à bien*
- *Travailler sur le développement stratégique*

sont assez proches, et qu'ils peuvent être réduits à un seul pour être étudiés en même temps. La même remarque pourrait être faite pour les items suivants du document **Jalon 2** :

- *Gagner de l'argent (honnêtement...)*
- *Me faire plaisir grâce à mes moyens*
- *Avoir les moyens d'être généreux*

◆ Cette fusion des deux documents sur lesquels vous avez travaillé est un moment important. Il doit être intelligent plutôt que mathématique. Vous pouvez vous permettre de « tricher » un peu, mais uniquement si c'est pour retrouver ce qui est essentiel pour vous. En produisant la liste du document **Jalon 3**, vous ébauchez déjà ce qui sera important dans votre « vie d'après ».

Et si tout s'est bien passé, vous avez maintenant devant vous un document qui ressemble à la figure 1-6 (page 53).

Bien sûr, vous conserverez précieusement les documents **Jalon 1** et **Jalon 2** : même si vous ne travaillerez plus directement dessus, avec **Jalon 3**, ils font maintenant partie de votre précieux dossier.

[21] Les techniques et les outils du « mode projet » sont présentés de façon détaillée dans la cinquième et dernière étape de la démarche proposée dans ce livre (pages 163 et suivantes).

[22] En peinture, un « repentir » est une partie du tableau qui a été recouverte par le peintre pour modifier l'aspect de l'œuvre. Il peut masquer ou faire apparaître des personnages, des objets ou d'autres éléments comme le paysage. Il peut aussi en modifier l'apparence ou compléter le sujet.

[23] Sigmund Freud est né le 6 mai 1856 à Freiberg (Empire d'Autriche) et mort le 23 septembre 1939 à Londres. C'est un médecin neurologue autrichien, fondateur de la psychanalyse. Ses deux grandes découvertes sont la sexualité infantile et l'inconscient. Elles l'amèneront à développer plusieurs théories des instances psychiques, avec en premier lieu les concepts d'inconscient, de rêve et de névrose. Il développera une technique de thérapie, la cure psychanalytique, qu'il définit pour la première fois en 1904. Menacé par le régime nazi, il quitte Vienne en 1938 et s'établit à Londres, où il mourra en 1939.

Le terme « psycho-analyse » apparaît pour la première fois en 1896. L'hypothèse de l'inconscient révolutionne la théorisation du psychisme. D'autres concepts vont ensuite développer et enrichir la théorie psychanalytique, qui se présente comme une science de l'inconscient en même temps qu'un savoir sur les processus psychiques et les démarches thérapeutiques.

[24] La notion d'acte manqué a été présentée par Freud en 1901 dans son ouvrage **Psychopathologie de la vie quotidienne**, puis exposée dans ses **Leçons d'introduction à la psychanalyse**. Cette notion rassemble tous les ratés d'action, de parole, de lecture, d'oubli, etc. Ces moments de la vie ont « manqué leur but » et expriment quelque chose au-delà d'eux-mêmes.

[25] Freud voit dans le lapsus un symptôme de l'émergence de désirs inconscients. Pour la théorie freudienne, le sentiment de honte ou de malaise, qui survient souvent après un lapsus, montre que l'inconscient s'est manifesté en passant outre les barrières de notre censure interne.

[26] Un avantage caché est un bénéfice non reconnu par les autres, et souvent par soi-même, que l'on obtient secondairement d'un fait, d'une situation ou d'une action qui, eux, sont parfaitement visibles. Par exemple, l'avantage caché d'un don ou d'un cadeau fait à autrui peut être la reconnaissance exprimée par le destinataire, celle-ci pouvant flatter son ego et produire chez lui un sentiment de puissance…

Jalons vers une seconde vie… **Jalon 1**

Les plaisirs et les satisfactions de ma vie professionnelle

☺ *J'ai aimé, un peu, beaucoup, passionnément…*

- Découvrir et maîtriser de nouvelles techniques ☐
- Rencontrer des clients et les convaincre ☐
- Mettre en place des projets et les mener à bien ☐
- Animer une équipe et la manager ☐
- Faire des recrutements ☐
- Gérer des budgets ☐
- Travailler avec des élus et des décideurs publics ☐
- publics Négocier avec des fournisseurs ☐
- Gérer la communication vers l'extérieur ☐
- Travailler sur le développement stratégique ☐

Figure 1-2

Jalons vers une seconde vie… **Jalon 2**

Les plaisirs et avantages cachés de ma vie professionnelle

☺ *J'ai apprécié, mais un peu plus discrètement…*

- [ ]
- [ ]
- [ ]
- [ ]
- [ ]
- [ ]
- [ ]
- [ ]
- [ ]
- [ ]

Figure 1-3

Jalons vers une seconde vie...

Jalon 2

Les plaisirs et avantages cachés de ma vie professionnelle

☺ *J'ai apprécié, mais un peu plus discrètement...*

- Faire des choix et prendre des décisions ☐
- Avoir et recevoir une bonne image de moi-même ☐
- Être admiré (et envié) par les autres ☐
- Avoir un sentiment de puissance ☐
- Avoir une totale liberté de mouvement ☐
- Gagner de l'argent (honnêtement...) ☐
- Fréquenter des cercles locaux de pouvoir ☐
- Faire état de mes réussites ☐
- Me faire plaisir grâce à mes moyens ☐
- Avoir les moyens d'être généreux ☐

Figure 1-4

Jalons vers une seconde vie... **Jalon 3**

Mes plus grands plaisirs et avantages cachés professionnels

☺ J'ai particulièrement aimé et apprécié...

Découvrir et maîtriser de nouvelles techniques	10
Avoir une totale liberté de mouvement	9
Mettre en place des projets et les mener à bien	9
Travailler sur le développement stratégique	4
Animer une équipe et la manager	8
Gérer la communication vers l'extérieur	7
Faire des choix et prendre des décisions	8
Me faire plaisir grâce à mes moyens	4
Faire des recrutements	6
Gagner de l'argent (honnêtement...)	1

Figure 1-5

Jalons vers une seconde vie... **Jalon 3**

Mes plus grands plaisirs et avantages cachés professionnels

☺ J'ai particulièrement aimé et apprécié...

Découvrir et maîtriser de nouvelles techniques	10
Avoir une totale liberté de mouvement	10
Mettre en place des projets et les mener à bien	9
Gagner de l'argent (honnêtement...)	9
Animer une équipe et la manager	8
Faire des choix et prendre des décisions	8
Gérer la communication vers l'extérieur	7
Avoir un sentiment de puissance	6
Faire des recrutements	6
Fréquenter les cercles locaux de pouvoir	5

Figure 1-6

Deuxième étape

Identifier les plaisirs professionnels auxquels vous tenez le plus

Une série de choix pour façonner votre nouvelle vie

La première étape de votre travail a pu vous paraître un peu « archéologique » : vous avez plongé dans vos souvenirs professionnels pour en extraire méthodiquement tout ce qui s'y trouvait de plaisirs divers et d'avantages cachés, bref, tout ce que vous avez aimé pendant plusieurs dizaines d'années de travail, en exerçant sans doute différents métiers, dans différents postes et différentes structures...

Quelle qu'en soit la nature, ces éléments de votre bonheur au travail, vous les avez évalués avant de les classer. Ils n'avaient pas tous le même poids, la même intensité. Vous avez donc pu établir entre eux une hiérarchie raisonnable, certains étant à l'évidence plus lourds, donc plus importants pour vous que les autres. Vous avez maintenant sous les yeux une liste écrite de tout ce que vous avez aimé le plus pendant cette vie professionnelle. L'ordre d'importance décroissant selon lequel vous les avez organisés est totalement subjectif et personnel. Il ne regarde que vous et n'a pas à être justifié sinon par le fait qu'il résume vos choix et que, sans doute, il vous représente et vous définit un peu. Dis-moi ce que tu as aimé dans ton travail et je te dirai qui tu es !

Maintenant, qu'allons-nous faire de cette première étape et de son résultat ? Nous allons travailler à réduire un peu votre liste et à extraire le plus important, l'essentiel, la quintessence en quelque sorte, ou le noyau dur de ce que vous avez aimé. Pourquoi faire ce tri parmi vos plaisirs ? Pourquoi faut-il choisir entre ceux qui vous semblent essentiels et ceux qui peuvent vous paraître un peu moins importants ? La réponse est de bon sens :

simplement, parce qu'il sera difficile de tous les garder ou de tous les retrouver !

Rappelez-vous que vous allez quitter (ou que vous avez déjà quitté) votre activité professionnelle et que tout va changer à la fois brusquement et rapidement. Vous allez vivre un phénomène de rupture. Et c'est bien de cela qu'il s'agit : du jour au lendemain, vos activités professionnelles de 8 heures par jour et 5 jours par semaine[27] vont cesser, les contacts sociaux attachés à votre métier, le statut lié à votre poste et à votre situation vont disparaître, l'image « professionnelle » de vous-même, à vos yeux et aux yeux des autres, va s'effacer rapidement... Bientôt, on ne vous reconnaîtra plus et vous-même ne pourrez reconnaître que de moins en moins de personnes dans votre ancien milieu. Ainsi va la vie ! Et pourtant, ils étaient les symboles et les acteurs de vos plaisirs au travail : avec eux, les activités, les personnes, les ambiances, les réussites, les tensions, tous ces éléments de votre vie active vont vous manquer et avec eux, les plaisirs, petits et grands, reconnus ou plus secrets, que vos activités professionnelles vous ont apportés et auxquels vous étiez habitué.

De ce point de vue, espérer garder tout ce que l'on a pu aimer dans cette « vie d'avant » n'a pas beaucoup de sens ni de raison. Ce serait comme un refus de voir la réalité en face, une sorte de déni du réel. Cependant, cette réaction d'autodéfense psychologique peut se produire dans les circonstances exceptionnelles de la vie, et le départ en retraite en est une. Le « moment du déni », c'est-à-dire le refus violent de voir et de reconnaître des faits avérés ou inéluctables, constitue la première phase de ce que les psychologues ont appelé le « cycle du deuil ». Devant un événement perçu comme brutal, traumatisant, violemment inconfortable ou inacceptable – et la survenue de la retraite, même prévisible, même datée, peut appartenir à cette catégorie – on commence par se défendre en niant, en refusant (de voir ou de reconnaître) ce qui se passe ou s'est passé réellement. Dans la seconde phase, on prend conscience du vide laissé par le changement de vie et on découvre dans la tristesse l'étendue de la perte. On s'accroche alors aux souvenirs, aux objets suggestifs, aux contacts. La troisième phase prend acte de la vacuité et de l'inutilité de cette recherche toujours ancrée dans un passé professionnel définitivement révolu. On flotte encore un peu entre deux vies, on se sent souvent déprimé et un peu jaloux de ceux qui restent. On est aussi menacé par des réactions acides, « C'était mieux avant », ou « Je n'aurais pas fait comme ça », qui sont autant de tentatives – perdues d'avance – de se réinsérer dans la période révolue, même si ça reste de façon critique et négative. La quatrième phase est celle de l'acceptation du réel et de son « intériorisation » : le changement imposé par les circonstances devient « mon changement ». C'est un moment clé dans la gestion des transformations personnelles et une condition *sine qua non* de toute reconstruction. C'est à partir de ce moment que pourront exister de nouveaux projets, signe que la vie a bien repris le dessus. Ces projets nouveaux, cette reconstruction d'une vie nouvelle constitueront la cinquième phase[28] du processus.

Après la présentation de ce modèle classique de réaction à un changement brutal, je dois vous rassurer ! Il y a fort à parier que, si vous lisez ce livre, c'est que vous avez déjà acté que votre changement de statut, d'actif à retraité, et votre changement de mode de vie représentaient la réalité d'un futur proche ou d'une nouvelle vie déjà entamée. De toute façon, le travail que nous vous proposons maintenant va vous aider à faire le tri entre ce à quoi vous tenez vraiment et… le reste, en laissant de côté et sous contrôle le surplus d'émotions qui pourrait accompagner des regrets.

Composer la « liste de vos envies »

Vous avez maintenant sous les yeux le Jalon 3 qui contient la liste sélectionnée de vos plaisirs et avantages cachés professionnels. Cette liste a été mûrie, élaborée et structurée. Vous avez déjà fait le tri entre l'essentiel, le secondaire et l'inutile. C'est le moment d'en faire la « liste de vos envies » pour votre nouvelle vie. Ce sera notre prochain jalon.

Voici comment procéder ! Vous allez vous intéresser à tous les éléments notés sur le document Jalon 3, donc à chaque plaisir professionnel que vous avez décidé de prendre en compte. Vous leur avez attribué une valeur qui exprime un niveau d'intérêt pour vous aujourd'hui.

Maintenant, pour traiter chacun d'eux, vous avez le choix entre trois comportements possibles dont les résultats, les conséquences et les effets secondaires seront très différents les uns des autres :

- la voie de la conservation,
- la voie du renoncement,
- la voie de la transformation.

Pour chaque élément de Jalon 3, donc pour chaque plaisir professionnel que vous avez identifié, décidé de conserver, puis évalué, vous allez vous trouver au carrefour de trois traitements possibles. Vous aurez donc à choisir celle des trois « voies » selon laquelle vous le traiterez. Vous choisirez en fonction de vos objectifs personnels, mais aussi de ses effets dits « secondaires » qui pourraient souvent être, comme nous le verrons bientôt, des « dégâts collatéraux »…

Nous allons donc examiner vers quoi mènent ces trois voies à la formulation un peu « zen » et comment choisir celle qui vous convient. Nous le ferons à partir de trois exemples. En proposant un exemple pour chaque voie, nous indiquerons les questions à se poser pour faire le bon choix. Enfin, nous expliquerons pas à pas la méthode et la façon d'utiliser la fiche Jalon 4 qui sera le support de vos analyses et de vos décisions.

Voici donc l'analyse et l'explication des trois « voies » qui vous sont maintenant proposées.

La voie de la conservation

Le choix de cette voie signifie que vous voulez conserver le plaisir professionnel en question « à l'identique », au-delà de votre changement de statut. Vous choisissez de ne rien changer, ni dans sa nature, ni dans ses causes, ni dans ses effets. Vous ne voulez pas ou ne pouvez pas vous en éloigner. Il appartient à votre vie, au-delà même de son aspect professionnel. Y renoncer vous semble impossible, inenvisageable. Ce serait un manque difficile à supporter qui ne fait donc partie ni des éventualités ni des possibilités. Cet aspect séduisant de votre ancienne activité professionnelle a fait de vous un « *junky* »…

Prenons un exemple : imaginez que vous ne puissiez pas vous passer de la fréquentation de vos clients et des nombreuses négociations commerciales que vous avez conduites et réussies avec eux. Vous avez une envie très forte et une volonté farouche de conserver cette activité dans la structure qui vous employait, uniquement pour en prolonger le plaisir.

Plusieurs questions peuvent se poser à vous. La première concerne la durée de cette prolongation inopinée… Si vous ne commencez pas par lui fixer une limite, c'est sans doute que vous ne voulez pas, ou ne pouvez pas, regarder la réalité en face : le jour de la retraite, on quitte une entreprise, un métier, une activité et un poste sans espoir ni intention de retour ! En revanche, vous limitez votre souhait à une simple prolongation[29]… En effet, un arrêt brutal et immédiat de votre principal plaisir au travail vous semble trop pénible à supporter, trop frustrant, et vous demandez comme une faveur que vous soient octroyées quelques semaines supplémentaires avant l'arrêt définitif de ce que vous aimez le plus. Et pourquoi pas ? Faites quand même attention de ne pas tomber dans le ridicule des « fausses sorties » !

La seconde question concerne la pertinence de votre choix : Est-il préférable ou non de « jouer les prolongations » ? Puisque la fin est annoncée, n'est-il pas plus judicieux d'arrêter tout de suite ? Cette question vous met en face du fameux « dilemme du sparadrap » : une fois qu'il est devenu inutile, faut-il arracher le sparadrap d'un seul coup, ce geste étant accompagné d'un déplaisir court, mais brutal ? Au contraire, vaut-il mieux le faire lentement et noyant les jérémiades du patient sous des flots de bons sentiments ? En réalité, il n'y a pas de solution meilleure l'une que l'autre ! La première a néanmoins l'avantage de la brièveté et du courage.

La troisième question concerne les conséquences indirectes de votre choix, en particulier la gêne que vous pourrez occasionner pour celui ou ceux qui devront assurer, après votre départ qui reste inéluctable, cette fonction que vous aimez tant. Vous pouvez penser à juste titre que le plaisir que vous éprouvez à cette fonction sera le même pour votre successeur et que vous allez l'en priver pendant votre prolongation. Vous risquez aussi d'être pour lui la source d'un inconfort lié à votre situation bien établie depuis longtemps par vos années d'expérience. C'est une forme de concurrence déloyale ! Vous avez là autant de dégâts collatéraux que peut faire indirectement ce choix qui vous ravit…

La tentation de conserver un de vos plaisirs professionnels au-delà de votre départ du poste que vous quittez risque d'être d'autant plus forte que vous avez une position hiérarchique ou capitalistique dans l'entreprise qui vous met en situation d'imposer cette exigence. D'aucuns pourront évoquer sans crainte du ridicule les « amicales pressions », ou les « suggestions intelligentes » auxquelles ils se feront un « devoir » d'obéir ou de céder. Mais ne soyez pas dupe de vos propres désirs ! Il s'agira le plus souvent d'une forme discrète d'abus de pouvoir qui, quels que soient les avantages qu'elle vous apporte, aura nécessairement des conséquences négatives sur la vie et le climat de la structure que vous ne parvenez pas à quitter…

Peu importent les raisons données pour la justifier, la volonté de prolonger à l'identique et de conserver les conditions d'un plaisir professionnel au-delà de sa fin raisonnable révélera certainement des sentiments et un état d'esprit restés cachés aux autres et sans doute à soi-même : une appréhension des changements à venir, une difficulté à reconnaître la fin prochaine d'une situation appréciée et un réel problème pour « lâcher prise »…

La voie du renoncement

La deuxième voie est à l'exact opposé de la première. Comme l'indique son expression austère et un peu monastique, cette voie fait le choix d'abandonner, d'oublier complètement un plaisir ou un avantage caché que vous avez beaucoup apprécié auparavant. Prenons donc un deuxième exemple : imaginez que, dans le métier et le poste que vous quitterez bientôt, vous avez beaucoup aimé diriger une équipe. Ce plaisir, important pour vous, recouvre une réalité complexe : vous aimez donner des ordres, être obéi, être écouté. Vous aimez le pouvoir attaché au poste... Tout cela n'a rien d'anodin et touche à votre psychologie profonde. Sans doute, ce trait important a-t-il été banalisé et rendu tolérable par le contexte professionnel dans lequel il se manifeste. En dépit de ce goût prononcé, vous affichez le choix d'abandonner cette « jouissance du commandement » avec la fin de votre fonction managériale.

Ce comportement est très certainement courageux dans ses intentions, mais il n'est pas sans risques pour vous et pour les autres... Passons rapidement sur le simple sentiment de regret que vous ressentirez dès que vous aurez perdu l'occasion professionnelle de vous imposer. Il sera plus ou moins intense, avec des hauts et des bas en fonction des situations et du moment, mais il finira par s'estomper quand vous serez « passé à autre chose ». Probablement, aurez-vous parfois tendance à dénigrer plus ou moins discrètement la façon dont les autres (particulièrement votre successeur...) exercent, ou n'exercent pas, leur autorité.

Mais le manque ressenti pourra prendre aussi une dimension plus gênante et produire en vous un déséquilibre inattendu. Si l'exercice et le plaisir du pouvoir ont été des éléments structurants de votre vie, leur perte et la conscience de cette perte peuvent vous perturber bien plus que vous ne l'aviez envisagé. Vous pouvez vous retrouver réellement déstabilisé et perdre une partie d'un équilibre qui vous semblait solide. Quels que soient les discours sur la maîtrise de soi, il faut garder présent à l'esprit que personne n'est capable de garder totalement sous contrôle tous les aspects de sa vie. Le docteur Freud nous a appris que nous avions tous un inconscient qui, par définition, se manifeste malgré nous et qu'il nous conduit parfois à des comportements un peu surprenants et assez peu rationnels. Le risque de ce type de réaction subie plutôt que choisie, « malgré nous », est d'autant plus plausible que le plaisir que l'on s'apprête à abandonner s'apparente à un « avantage caché »[30].

Par ailleurs, la frustration vraisemblablement ressentie, accompagnée ou non de colère ou de mélancolie, peut nous plonger dans des émotions régies par la chimie interne de notre corps. Le pouvoir, dit-on souvent, est une « drogue dure » ! Il est vrai que son exercice fait exploser en nous des éruptions d'hormones, en particulier de testostérones, d'adrénaline et de dopamine[31]. Alors, comme en présence de toutes les drogues, il faut se méfier du manque et de la « descente ». Ce sont toujours des moments de crise, le plus souvent hors contrôle.

Dans certaines circonstances, et d'une façon différente pour chacun d'entre nous[32], l'arrêt de la relation de pouvoir ou de domination peut créer un véritable traumatisme et une situation quasi insupportable. Dans ce cas, on peut redouter un vrai risque de dégâts psychologiques collatéraux pour l'intéressé lui-même et pour son entourage. En effet, pour venir à bout de la sensation douloureuse du manque, le malheureux « sevré de pouvoir » pourra tenter d'offrir d'autres objets à sa domination et les choisir parmi son entourage... Il risque de trouver dans sa famille, parmi ses proches ou ses relations un ersatz de pouvoir capable d'apaiser, au moins formellement, sa frustration, bref, de reporter son besoin sur d'autres cibles pour conserver le même plaisir, officiellement abandonné. La voie de l'abandon doit donc être pratiquée avec prudence et mesure, car, si on peut, bien sûr, se passer de tout, il y a le plus souvent un prix à payer pour soi et parfois pour les autres.

La voie de la transformation

La troisième voie qui vous est proposée permet une sortie, un peu dialectique, mais utile, de l'opposition entre la première et la deuxième voie évoquées plus haut. Il ne s'agit plus maintenant de chercher à prolonger à l'identique ce que l'on a aimé dans une activité professionnelle qui arrive à son terme. Il ne s'agit pas plus d'y renoncer définitivement et de façon catégorique. Cette troisième voie tente d'échapper à cette opposition frustrante. Elle consiste, après avoir bien identifié le « noyau dur », la vraie nature d'un plaisir ou d'un avantage caché du métier d'avant, à identifier ou à inventer un contexte nouveau, un cadre et des circonstances différents qui permettront de produire ou de recréer ce plaisir, mais ailleurs et autrement que dans l'activité professionnelle que l'on a quittée.

Il s'agit bien d'une transformation puisque vous retrouverez le même type, la même nature de plaisir, mais en y parvenant dans une autre situation et grâce à d'autres moyens. Prenons donc un troisième exemple : dans le poste que vous allez quitter, vous avez adoré piloter de grands projets... Au cœur de cette passion dans laquelle vous avez réussi avec talent et gourmandise, on trouve plusieurs composantes qui en constituent le noyau dur : la détermination d'objectifs précis et ambitieux, l'organisation des différentes étapes de travail nécessaires pour les atteindre, leur planification rigoureuse, leur informatisation éventuelle, la détermination des moyens, des ressources et des compétences qui doivent être associées à chaque moment du projet, le suivi, la mesure et la correction des écarts, le tout jusqu'au plaisir de la réussite et de la reconnaissance officielle qu'elle mérite...

En scrutant le cœur de ce plaisir professionnel, vous réveillerez nécessairement des souvenirs inscrits dans un passé désormais révolu. Vous serez peut-être effleuré par des bouffées de nostalgie, car ces sensations sont bel et bien attachées au cadre que vous allez quitter. Mais ne cédez pas à la tentation de proposer encore vos services et vos compétences, même largement reconnues, pour une prolongation ! Évitez-vous le risque, et peut-être aussi le ridicule, d'un retour pataud au *statu quo ante* ! Ne cédez pas non plus à la tentation opposée, celle de vous interdire définitivement ce plaisir au prétexte qu'il serait trop gourmand et risquerait de vous conduire à regarder en arrière avec trop de nostalgie. Mieux vaudrait en effet dans ce cas arracher vite le sparadrap pour éviter la tentation du retour en arrière.

Le choix résilient consiste bien à se projeter très vite en avant, vers le nouveau et le futur, en évitant de s'agripper à ce qui est connu et rassurant. Bien sûr, pourront se manifester alors l'inconfort banal de l'inconnu et une certaine peur du vide. Le travail, l'imagination et la construction d'un futur aussi plaisant, et, pourquoi pas meilleur que le passé, restent les plus puissants antidotes contre le poison lent des inquiétudes et des nostalgies. Il s'agit donc bien ici de se lancer rapidement, à souvenirs perdus, dans l'invention d'une situation nouvelle qui, dans un contexte compatible et en phase avec votre nouvelle vie, vous redonne de façon solide et pérenne tous les plaisirs auxquels vous tenez. Ainsi, en offrant un nouvel avenir à vos désirs et à vos plaisirs, vous existerez[33] de nouveau !

La voie intelligente, courageuse et créative consiste bien à viser ce résultat : le plaisir identifié, analysé et jugé important pour votre vie future sera bien « transformé » pour fonctionner dans un contexte nouveau et différent, pour être retrouvé ailleurs et autrement. La « voie de la transformation » est bien la voie royale pour continuer à vivre avec ses plaisirs et ses passions d'avant, au-delà de la limite symbolique et conventionnelle de la retraite, sans les risques d'une prolongation mélancolique ni les regrets d'un abandon mutilant.

Reste à découvrir de façon concrète comment y parvenir… N'allons pas trop vite en besogne ! Ce sera l'objet de la quatrième étape. Pour le moment, attachons-nous de façon méthodique au moment précis où vous aurez à choisir entre les trois voies que nous venons d'analyser.

À vous de décider

Vous allez donc maintenant réfléchir et prendre une décision concernant chacune des lignes figurant sur votre document Jalon 3. En effet, vous y avez inscrit, par ordre décroissant d'importance, une liste des plaisirs et des avantages cachés que vous ont apportés les activités professionnelles que vous allez quitter. Vous en avez 1 au minimum (bien sûr, et sinon quelque chose n'a pas fonctionné dans votre démarche !) et 10 au maximum.

Vous les traiterez un par un, en commençant par le plus important. En parcourant les quelques exemples que nous vous avons déjà proposés, vous avez sans doute constaté que les questions n'étaient pas simples et qu'elles méritaient de votre part un peu de temps et d'attention.

Vous serez aidé pour le faire par la méthode et le document Jalon 4. Par souci de clarté et de précision, vous consacrerez un document Jalon 4 pour chaque item de Jalon 3, donc pour chaque plaisir ou avantage caché à sur lequel vous allez travailler. Et c'est beaucoup plus simple que ça n'en a l'air !

Commençons par traiter le 1er item de votre liste, celui auquel vous avez attribué le plus haut score d'importance. Vous allez en noter le libellé, ainsi que son score sur la première ligne, en tête du document Jalon 4 que vous lui consacrez (Figure 2-1).

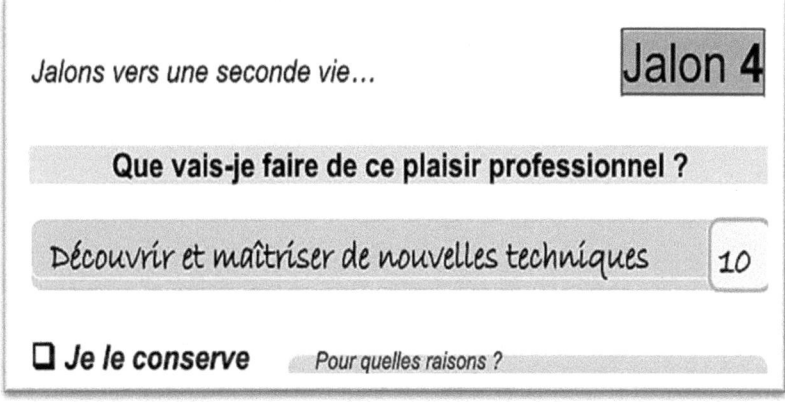

Figure 2-1

Maintenant, votre travail consiste à répondre à la question suivante :

J'ai identifié et retenu comme important le plaisir (ou l'avantage caché) suivant... Je lui ai attribué le « score d'importance » de X... Ce plaisir provient d'une activité professionnelle que je vais quitter bientôt[34].

1. **Vais-je décider de le conserver à l'identique ?**
2. **Vais-je décider de l'oublier définitivement ?**
3. **Vais-je faire ce qu'il faut pour le retrouver, mais transformé et dans un autre contexte ?**

Vous allez travailler à faire un choix réfléchi, justifié, raisonnable et qui ne vous déçoive pas. Il faut que ce soit le résultat de votre réflexion et non son point de départ. En d'autres termes, il ne s'agit pas de commencer par choisir, avant d'examiner les effets et les conséquences de votre choix, mais, à l'inverse, d'approfondir les effets et les conséquences possibles de chaque option pour, une fois achevé ce « tableau comparatif », être en mesure de prendre une décision « éclairée » et de choisir la meilleure des trois voies proposées. Vous allez donc travailler systématiquement sur les trois hypothèses avant de prendre votre décision.

Comme vous pouvez le voir, en vous suggérant à chaque fois des questions, le document Jalon 4 (Figure 2-2, page 82) vous incite et vous aide à explorer méthodiquement les raisons, les effets et les éventuelles conséquences négatives de chaque hypothèse.

Prenez le temps de le faire sérieusement, sans négliger aucune des voies possibles. Ce sera un peu comme une réflexion que vous ferez « à haute voix », une conversation que vous tiendriez avec vous-même. Il est probable que l'exploration des deux choix, même s'ils ne sont pas les vôtres, enrichira quand même votre réflexion, renforcera la légitimité et la pertinence du choix que vous ferez en définitive.

Elle pourra également fissurer un peu, ne serait-ce que provisoirement, les certitudes d'un choix trop rapide en introduisant des hypothèses inattendues, un peu à la façon d'une réflexion par l'absurde.

Une fois de plus, l'objectif n'est pas de rendre une « bonne copie », qui resterait nécessairement théorique, mais d'éclairer et d'étayer une décision pertinente, un choix juste, donc la sélection de celle des voies offertes qui vous conviendra le mieux. Et cet aspect du sujet n'est pas sans importance puisque, ne l'oubliez pas, c'est votre prochaine vie que vous êtes en train de préparer !

La première hypothèse proposée est celle de la **conservation**, c'est-à-dire la prolongation à l'identique du plaisir par la prolongation des conditions qui le suscitent directement ou le permettent.

◆ Alors, examinez pour quelles raisons vous pourriez décider d'en imposer la prolongation à l'identique, dans les mêmes conditions, dans le même milieu. Ce choix vous conduirait à repousser l'échéance de votre « retrait » de la vie active, au moins pour la part de votre activité qui vous plaît particulièrement (Figure 2-3).

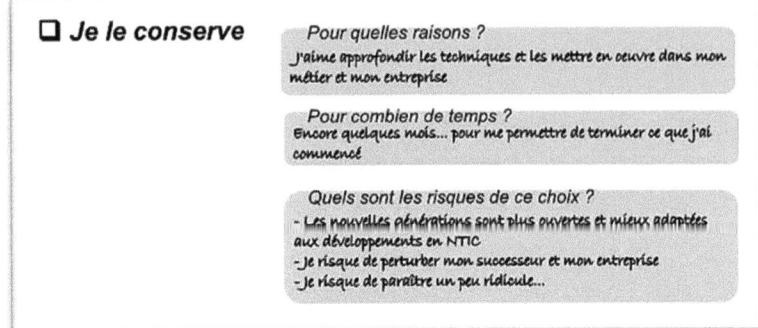

Figure 2-3

◆ Cette prolongation devrait-elle être définitive ou temporaire ? Dans ce dernier cas, quelle échéance vous imposeriez-vous ? Et seriez-vous en situation de l'exiger, ou uniquement de la solliciter en espérant l'obtenir ?

◆ Cette prolongation, si elle s'avérait possible d'une façon ou d'une autre, aurait à coup sûr un aspect transgressif. Les conséquences en seraient sans doute importantes aussi bien pour vous (conséquences psychologiques, morales, sur votre réputation, etc.) que pour les autres (perturbations, incompréhension, antagonismes, contestations diverses, etc.).

◆ Notez aussi que, même si votre situation de décideur (au cas où vous seriez patron, propriétaire ou actionnaire majoritaire…), votre réputation ou votre capacité d'influence la rendaient envisageable, une prolongation inattendue, et sans doute indue, conserverait tous les inconvénients évoqués plus haut. Même « légale », cette prolongation imposée resterait malvenue et contestable.

La seconde hypothèse proposée est celle de **l'abandon** pur et simple, la **renonciation** totale à ce plaisir qui a réjoui une partie de votre vie professionnelle.

♦ La première question qui se pose est celle de la raison profonde de votre choix, choix qui, vu de l'extérieur, pourrait sembler brutal, blessant, voire un peu « sacrificiel ». La réponse n'est pas facile à apporter. Elle pourrait également échapper en partie à vos investigations, ne pas se limiter à une explication purement rationnelle et trouver quelques racines dans les arcanes de votre inconscient… Toutes vos analyses méritent donc une certaine prudence, car si les causes sont réellement « autres » que celles que vous donnez en toute bonne foi, les effets de votre renonciation à un plaisir important pourront aussi être « autres » que ceux auxquels vous pensez.

Pour le dire autrement, vous pourriez découvrir des conséquences déplaisantes là où vous ne vous attendriez pas[35] (Figure 2-4)…

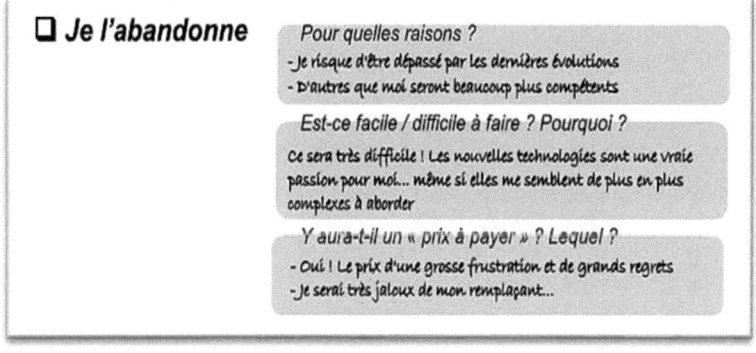

Figure 2-4

♦ La seconde question vous interroge sur le degré de facilité avec lequel vous pourriez vous départir d'un plaisir que vous avez goûté pendant des années. Ici encore, il faudrait éviter de répondre trop rapidement. Pour aborder objectivement cette question, imaginez-vous[36] en train d'affronter réellement le manque, de vivre privé de ce plaisir ! Cette seule évocation pourrait faire naître en vous un peu quelques émotions désagréables, simple avant-goût des effets plus aigus d'une dépossession à venir.

◆ Vous auriez alors un avant-goût du « prix à payer » pour l'abandon consenti d'un de vos plaisirs professionnels. Il ne faudrait pas hésiter à pousser davantage cette exploration pour découvrir les conséquences réelles que vous auriez à vivre vous-même ou à faire vivre aux autres et particulièrement à votre entourage. Ne présumez pas de vos forces, du pouvoir de votre volonté ni de vos capacités de résilience. Un abandon ne va jamais de soi…

La troisième hypothèse proposée est celle de la **transformation** d'un cadre et d'un contexte pour que le plaisir auquel vous tenez puisse durer et se prolonger, mais d'une autre façon.

◆ Dans ce cas, la première raison, en même temps que la plus évidente, que vous pourriez évoquer serait sans doute la volonté de conserver ce plaisir après la fin de votre activité professionnelle, associée cependant au refus (ou à l'impossibilité) de le prolonger tel que vous l'avez connu. Il n'y aurait donc pas d'autre possibilité que de tenter de le retrouver ailleurs et autrement, donc de le transformer en le transposant dans un autre contexte, dans d'autres conditions et dans un autre environnement (Figure 2-5).

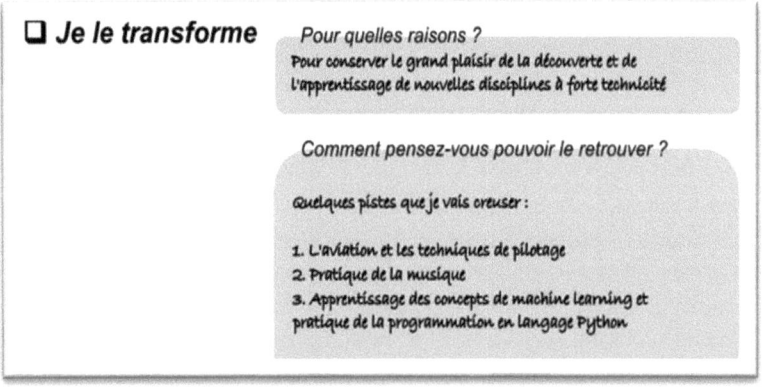

Figure 2-5

◆ Reste donc à identifier cet « autre environnement » dont vous pensez qu'il aurait les mêmes résultats et vous apporterait le même plaisir. Vous touchez là au point essentiel de ce travail et à son noyau dur ! Mais soyez patient… Ce n'est pas ici que nous allons creuser la question : nous la traiterons, avec toute l'attention qu'elle mérite dans la quatrième étape.

◆ Cependant, si vous aviez déjà quelques intuitions, quelques idées sur le nouveau contexte dans lequel vous pourriez retrouver ce plaisir, vous pourriez les inscrire dès maintenant sur ce document Jalon 4. Mais si vous n'en avez pas encore, ce n'est pas grave ! Vous les découvrirez, ou bien les inventerez un peu plus tard, en temps utile…

Une fois que vous avez passé en revue chacune des trois hypothèses proposées, chacune des trois voies possibles, vous pouvez maintenant décider, en toute connaissance de cause, celle que vous allez suivre. Indiquez votre choix sur le document Jalon 4 dans la petite case prévue pour ça. Si elle ne vous paraît pas assez ostensible, barrez vaillamment les deux voies que vous laissez de côté !

Alors, vous pourrez passer à l'item suivant…

Vous prenez un nouveau document Jalon 4, vous renseignez donc sa ligne haute avec l'identification du prochain plaisir étudié et vous suivez une nouvelle fois, et avec la même attention, les trois étapes de la même démarche, etc.

Comme vous pouvez le deviner, vous répéterez ce travail autant de fois que vous avez retenu de plaisirs ou d'avantages cachés sur le document Jalon 3.

Quand vous aurez épuisé votre liste, vous aurez sous les yeux une collection de documents Jalon 4 que vous conserverez précieusement. En effet, ils vont être le point de départ et le matériau du travail que nous allons vous proposer de faire plus loin.

Pour aller plus loin et avancer plus vite…

Pour avancer plus rapidement dans la présentation de cette démarche, nous vous proposons de prendre un raccourci qui nous fera gagner du temps : nous avons décidé à votre place la voie retenue pour le traitement de chacun des plaisirs listés, évalués et ordonnés dans le document Jalon 3 (Figure 1-7). Chacune de nos décisions sera inscrite sur son document Jalon 4.

L'item n° 1 : *Découvrir et maîtriser de nouvelles techniques*

Il a été traité en détail sous vos yeux et les résultats du travail sont consignés sur son document Jalon 4 (Figure 2-6, page 83), rappelez-vous la conclusion retenue : la voie choisie est celle de la transformation.

L'item n° 2 : *Avoir une totale liberté de mouvement*

Voici le document Jalon 4 concernant notre second item (Figure 2-7, page 84). Bien sûr, les différents arguments ne vous sont proposés que comme des exemples. Dans la vraie vie, vous auriez pu développer à juste titre des réflexions tout à fait différentes.

Ici, nous avons choisi la voie de la transformation : nous tenons à conserver cette liberté de mouvement qui nous est chère. Mais pour la retrouver, nous aurons à découvrir ou inventer un contexte nouveau, en dehors de l'activité qui va être quittée. Comme nous l'avons souvent écrit, nous la retrouverons « ailleurs et autrement ».

L'item n° 3 : *Mettre en place des projets et les mener à bien*

À la lecture de ce document Jalon 4, vous pouvez constater que c'est la voie de la transformation qui a été retenue (Figure 2-8, page 85).

Ce sera donc à nous d'inventer ou de découvrir un nouveau contexte nous permettant de retrouver les plaisirs de la gestion de projet, puisque nous n'aurons plus l'occasion de le faire dans notre activité professionnelle.

L'item n° 4 : *Gagner de l'argent (honnêtement…)*

Ce document Jalon 4 vous indique que l'hypothèse de prolonger le plaisir de bien gagner sa vie a été abandonnée (Figure 2-9, page 86) ! Et les raisons en sont à la fois simples et saines…

De plus, cet abandon ne semble pas trop difficile à accepter. Il se fera donc sans trop de peine.

L'item n° 5 : *Animer une équipe et la manager*

Là encore, vous constaterez en lisant ce document Jalon 4 (Figure 2-10, page 87) que l'analyse est assez simple : pour le futur retraité, le plaisir du management en tant que tel existe toujours réellement, mais les circonstances de son exercice ont changé et ne lui donnent plus assez envie. Les nouvelles générations de collaborateurs semblent trop différentes de celles avec lesquelles il a aimé travailler.

L'item n° 6 : *Faire des choix et prendre des décisions*

Pour cet item, le futur retraité fait le choix de la transformation (Figure 2-11, page 88). Celle-ci sera aisée puisque les prises de décision et les choix seront fréquents dans le pilotage des prochains projets personnels.

On s'aperçoit ici que plusieurs items vont pouvoir être réunis et traités en même temps.

L'item n° 7 : *Gérer la communication vers l'extérieur*

Cet item a été évalué au niveau 7 (Figure 2-12, page 89).

La communication est un sujet plaisant et un peu « champagne », mais qui devient très technique et très ardu dès qu'on s'y consacre de façon professionnelle.

De plus, si la communication a besoin de talents, elle demande aussi des outils sophistiqués et des moyens importants, ce qui risque d'être plus compliqué à trouver.

Pour cet item, la voie de l'abandon paraît très raisonnable sans être trop frustrante !

L'item n° 8 : *Avoir un sentiment de puissance*

Ici, nous avons affaire à un « avantage caché » évident et peu facile à gérer (Figure 2-13, page 90) !

Devant les difficultés et les risques que présenterait la conservation de ce sentiment de puissance, le futur retraité décide d'en faire le deuil et de s'en passer. En effet, les risques de nuisance et de ridicule sont aujourd'hui dissuasifs.

L'item n° 9 : *Faire des recrutements*

Le recrutement est une des prérogatives et des responsabilités des managers (Figure 2-14, page 91). Pour beaucoup d'entre eux, c'est un moment intéressant et gratifiant. Mais peut-il avoir encore du sens une fois l'entreprise quittée ?

Dans le cas analysé sur cette fiche **Jalon 4**, le choix est fait d'en retrouver le plaisir, mais à coup sûr, sans les mêmes responsabilités, dans la constitution vraisemblable d'une équipe pour participer au prochain projet personnel.

L'item n° 10 : *Fréquenter les cercles locaux de pouvoir*

Encore un plaisir de ceux que l'on ne reconnaît qu'à mi-voix (Figure 2-15, page 92) ! Il est très proche de l'item n° 8 qui évoquait le sentiment très gratifiant que procure l'impression de puissance.

Le choix est fait de retrouver ce plaisir ailleurs et autrement, quitte à profiter des souvenirs et des bonnes impressions laissés dans les cercles VIP par vos anciennes activités professionnelles. Il existe de nombreuses structures qui permettront de concrétiser cette transformation.

Un peu d'organisation pour y voir plus clair

Continuons le travail commencé avec notre exemple ! Nous nous trouvons donc maintenant avec 10 documents Jalon 4, chacun d'eux étant consacré à l'analyse d'un des items retenus dans la fiche Jalon 3.

Ce gros travail, vous avez pu le mesurer, a eu plusieurs effets positifs sur notre réflexion. D'abord, il nous a obligés à prendre un peu de recul par rapport au sujet. Le jeu des questions et des réponses nous a fait prendre de la distance avec les émotions et les affects qui peuvent facilement fausser une réflexion sereine. Bien sûr, les sentiments doivent trouver une place dans ce travail, mais à condition qu'ils ne prennent pas le dessus et qu'ils restent « sous contrôle ».

Le deuxième effet positif est de nous avoir conduits à travailler méthodiquement sur les trois hypothèses, les trois « voies » possibles, pour chacun des items. Même si elle a pu parfois vous sembler un peu lourde, cette règle du jeu a permis d'éviter les décisions hâtives que l'on regrettera plus tard. Les choix ont été faits en toute connaissance de cause et la décision de conserver, d'abandonner ou de transformer le plaisir, ne doit rien au hasard. Elle a été éclairée par un examen lucide de toutes les hypothèses, même les moins vraisemblables, de leurs conséquences et de leurs effets.

Maintenant, nous allons faire un peu de tri :

◆ Nous avons décidé de ne conserver à l'identique aucun des plaisirs sur lesquels nous avons travaillé. Cette position semble plutôt saine : même si la tentation de faire durer les choses agréables un peu plus longtemps pouvait être tentante, les risques et les effets négatifs identifiés pendant l'analyse nous en ont dissuadés.

◆ Nous avons choisi d'abandonner 4 des plaisirs retenus dans notre liste :

- *Gagner de l'argent (honnêtement...) (4)*

- *Animer une équipe et la manager (5)*

- *Gérer la communication vers l'extérieur (7)*

- *Avoir un sentiment de puissance (8)*

Puisque ces 4 plaisirs ont été abandonnés, nous pouvons retirer les fiches **Jalon 4** correspondantes qui iront rejoindre le dossier de travail.

◆ Il nous reste donc 6 fiches **Jalon** correspondant chacune à un plaisir que nous avons choisi de transformer. Rappelons-nous le sens donné au mot « transformation » : il s'agit de trouver ailleurs et autrement une façon d'obtenir le même plaisir. Selon la phrase célèbre du Guépard, « il faut que tout change (dans le contexte et la situation), pour que rien ne change » (du plaisir que je veux conserver)…

Il s'agit donc des items suivants :

- Découvrir et maîtriser de nouvelles techniques (1)

- Avoir une totale liberté de mouvement (2)

- Mettre en place des projets et les mener à bien (3)

- Faire des choix et prendre des décisions (6)

- Faire des recrutements (9)

- Fréquenter les cercles locaux de pouvoir (10)

◆ Allons-nous organiser la transformation de chacun de ces 6 items l'un après l'autre ? Ce serait évidemment possible ! Mais nous pouvons certainement faire mieux... En effet, en les regardant de plus près, on peut deviner que certains items peuvent être rapprochés, associés, et donc être traités simultanément.

Par exemple :

Les items :

1 Découvrir et maîtriser de nouvelles techniques

3 Mettre en place des projets et les mener à bien

ont des liens évidents. La découverte et la maîtrise de nouvelles techniques seront organisées sous la forme, avec la logique et la rigueur d'un vrai projet. Le thème du projet fera l'objet d'un chapitre complet de ce livre[37].

- Si on examine maintenant l'item :

6 Faire des choix et prendre des décisions,

on peut affirmer que choix et décisions sont des points clés de la gestion de projet. L'item 6 peut donc logiquement être regroupé avec les items 1 et 3.

- Quant à l'item :

2 Avoir une totale liberté de mouvement,

qui place l'indépendance parmi les avantages cachés importants (évalué à 10), il pourrait, lui aussi, être associé aux trois autres déjà réunis, 1, 3 et 6. Pour le moment, nous lui réservons un sort particulier : il sera évoqué dans la troisième étape de notre démarche, qui analyse précisément la place, le rôle et l'influence que peuvent avoir les autres au moment où nous allons changer de vie. Il n'y a rien d'étonnant à cela puisque la « liberté de mouvement » que nous revendiquons n'a de sens que par rapport aux « autres », à leurs attentes, à leurs exigences, voire à leurs injonctions nous concernant.

- Regardons l'autre item :

9 Faire des recrutements,

il pourrait être traité de façon indépendante. Mais il serait sans doute plus intéressant de l'associer à d'autres, par exemple, à l'item 1. En effet, dans cette hypothèse, le plaisir du recrutement *stricto sensu* pourrait évoluer dans la direction du choix de partenaires ou d'intervenants pouvant aider à mener à bien un projet important. Ainsi, pour que ce projet fonctionne, il faudra vraisemblablement faire appel à des spécialistes, des experts, des formateurs, des vulgarisateurs, des moniteurs, bref, des « sachant » chargés d'informer, de former et d'assister. Le choix de ces intervenants se fera en fonction d'un profil, dans le cadre d'une description, non de « poste », mais de compétences, non d'un salaire, mais d'un prix de prestation avec, en dernier ressort, le sentiment très personnel qui signe le bon choix de la bonne personne.

- Le dernier item de la liste Jalon 3 :

10 Fréquenter les cercles locaux de pouvoir

est très différent des autres. Il peut, le cas échéant, fonctionner avec l'item 2 et contribuer à créer, sinon à justifier, une forme d'indépendance. Mais il devra sans doute être développé pour lui-même, sans relation avec les autres, sous la forme d'un projet différent.

◆ À la fin de cette rapide analyse, qui se fonde avant tout sur des observations de bon sens, nous avons sous les yeux :

- Un ensemble qui regroupe les items 3, 6 et 9 « au service » de l'item 1 ;
- L'item 10, indépendant des autres, qui devra faire l'objet d'un traitement séparé des précédents ;
- L'item 2, que nous pouvons associer, à parts égales et en fonction des situations, soit à l'ensemble 1, 3, 6 et 9, soit à l'item 10.

◆ À l'évidence, la recherche, la découverte et la maîtrise de « nouvelles techniques » permettront de retrouver ce que nous avons aimé dans l'exercice des métiers, des postes et des entreprises en passe d'être quittés. Il s'agira donc bien de retrouver les mêmes plaisirs et les mêmes avantages cachés, mais par d'autres moyens, dans d'autres situations. Reste à trouver comment !

◆ Cette question, difficile et importante, fera l'objet de notre quatrième étape. Mais pourquoi est-elle particulièrement difficile ? D'abord, parce qu'elle est de nature différente des questions que nous avons creusées jusqu'à maintenant. En effet, nous avons analysé des éléments d'une vie professionnelle bien réelle. Nous avons pu nous appuyer sur cette réalité solide, tangible, même si, parfois, le temps a pu en estomper certains aspects en même temps que notre personnalité évoluait. Maintenant, nous allons laisser de côté les analyses et l'introspection pour passer à une phase créative. Nous allons inventer, tâtonner un peu, recommencer, bref, nous lancer dans une phase de la méthode qui est « sans filets ». Cette situation nouvelle pourra vous sembler plus difficile, voire périlleuse. Pas de panique ! Retenons qu'elle sera d'abord gourmande ! En effet, c'est bien à ce moment-là que vous allez commencer à esquisser, à dessiner ce que sera votre nouvelle vie.

Mais avant de faire ce grand saut, faisons maintenant un détour du côté des autres et des nôtres…

---

[27] Dans ce décompte symbolique, j'oublie volontairement les sinistres « 35 heures » et le temps de déplacement que vous avez régulièrement passé au volant de votre voiture, dans les transports en commun ou à bicyclette, pour vous rendre sur votre lieu de travail…

[28] Quelques spécialistes parlent d'un « processus en quatre phases ». Ils réunissent la quatrième et la cinquième phase, la quatrième devenant le déclencheur et l'entrée en matière de la dernière.

[29] Rappelez-vous les derniers mots prononcés le 8 décembre 1793 par Jeanne, Comtesse du Barry, sur l'échafaud dressé place de la Nation : « Encore un moment, je vous en prie, Monsieur le Bourreau… »…

[30] Voir page 41.

[31] La *testostérone* est considérée comme l'hormone du pouvoir, de la domination, voire de l'agressivité. Elle intervient sur l'humeur et diminue la réaction au stress. L'*adrénaline* prépare notre organisme à affronter un danger. Elle fait partie d'un mécanisme de défense déclenché par une émotion ou un stress. C'est elle qui génère un état d'euphorie dans la pratique intense d'un sport. L'apport de *dopamine* au cerveau est stimulé par l'exercice du pouvoir. Elle rend à la fois « plus intelligent » et « accro au pouvoir ». Elle est à l'origine du syndrome de l'hubris, cette folie propre au pouvoir dont les excès entraînent les pires erreurs de jugement.

[32] Ici, l'inconscient joue un rôle majeur et peu facile à identifier en dehors de la démarche psychanalytique.

[33] Au sens étymologique du verbe « exister » : venant du latin *ex-sistere*, il signifie sortir de soi, jaillir…

[34] Ou bien « …que j'ai déjà quittée », si vous faites ce travail après avoir « pris votre retraite ».

[35] Même si vous pensez en toute bonne foi avoir renoncé volontairement à un plaisir, il se peut que ce choix ne soit pas aussi net, ni aussi accepté en profondeur. Dans ce cas, une partie de vous-même, souvent votre inconscient, réagira et, en quelque sorte, manifestera sa réprobation… Ce seront alors des troubles de l'humeur, des conduites accidentogènes et même des maladies (migraines, maux de dos, troubles musculaires, par exemple). La psychologie moderne est très attentive à ces troubles de type « psychosomatiques ».

[36] Non pas en termes d'imaginaire, mais en termes d'imagination : voyez-vous, regardez-vous « en images » en train de vivre privé du plaisir sur lequel vous réfléchissez…

[37] La cinquième et dernière étape de notre démarche (pages 163 et suivantes).

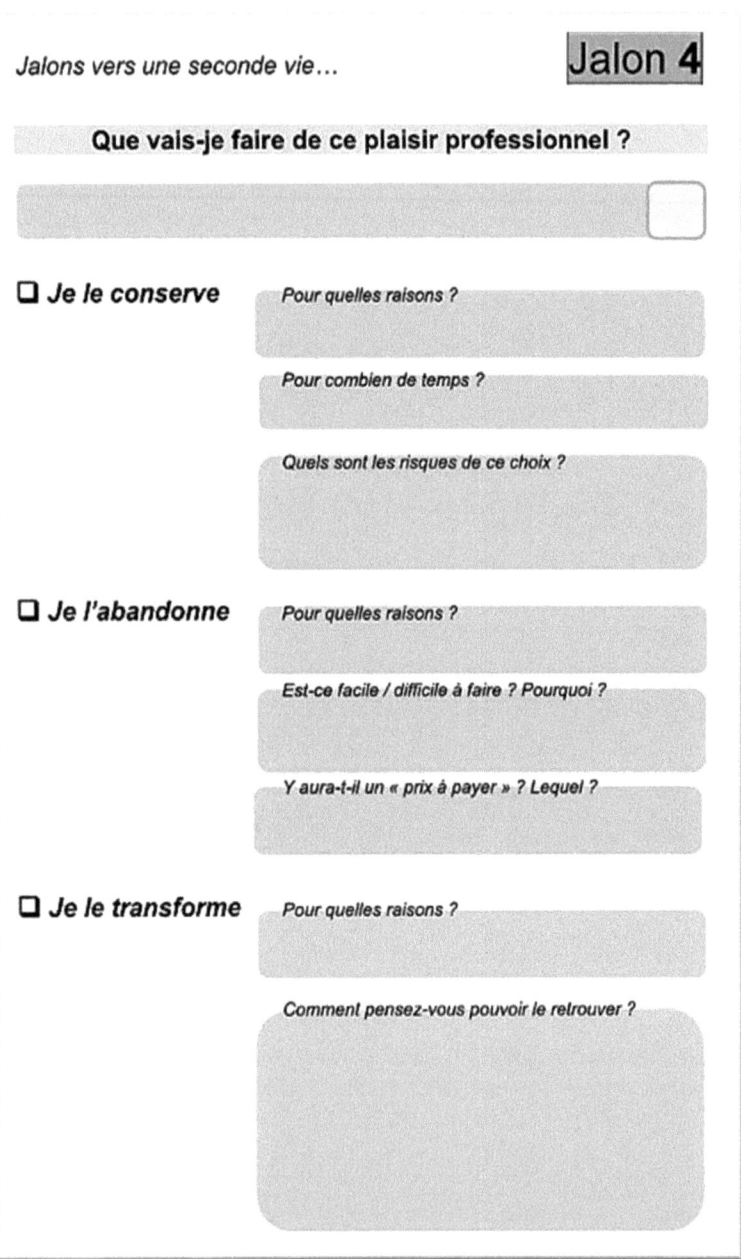

Figure 2-2

Jalons vers une seconde vie... **Jalon 4**

Que vais-je faire de ce plaisir professionnel ?

Découvrir et maîtriser de nouvelles techniques — 10

☐ **Je le conserve**

Pour quelles raisons ?
J'aime approfondir les techniques et les mettre en œuvre dans mon métier et mon entreprise

Pour combien de temps ?
Encore quelques mois... pour me permettre de terminer ce que j'ai commencé

Quels sont les risques de ce choix ?
- Les nouvelles générations sont plus ouvertes et mieux adaptées aux développements en NTIC
- Je risque de perturber mon successeur et mon entreprise
- Je risque de paraître un peu ridicule...

☐ **Je l'abandonne**

Pour quelles raisons ?
- Je risque d'être dépassé par les dernières évolutions
- D'autres que moi seront beaucoup plus compétents

Est-ce facile / difficile à faire ? Pourquoi ?
Ce sera très difficile ! Les nouvelles technologies sont une vraie passion pour moi... même si elles me semblent de plus en plus complexes à aborder

Y aura-t-il un « prix à payer » ? Lequel ?
- Oui ! Le prix d'une grosse frustration et de grands regrets
- Je serai très jaloux de mon remplaçant...

☒ **Je le transforme**

Pour quelles raisons ?
Pour conserver le grand plaisir de la découverte et de l'apprentissage de nouvelles disciplines à forte technicité

Comment pensez-vous pouvoir le retrouver ?

Quelques pistes que je vais creuser :

1. L'aviation et les techniques de pilotage
2. Pratique de la musique
3. Apprentissage des concepts de machine learning et pratique de la programmation en langage Python

Figure 2-6

Jalons vers une seconde vie…   **Jalon 4**

Que vais-je faire de ce plaisir professionnel ?

Avoir une totale liberté de mouvement   10

☐ **Je le conserve**

Pour quelles raisons ?
J'ai pris l'habitude de vivre loin de chez moi et de ma famille… Et cette situation semble convenir à tout le monde

Pour combien de temps ?
C'est un choix de mode vie que je ne souhaite pas interrompre tant qu'il convient à tous

Quels sont les risques de ce choix ?
Renforcer le sentiment d'une vie familiale éclatée… Mais je compte utiliser mes nouvelles disponibilités pour avoir davantage de présence familiale sans pour autant sacrifier une autonomie qui convient à tous

☐ **Je l'abandonne**

Pour quelles raisons ?
La seule raison pourrait être de me trouver plus souvent dans ma famille… Mais chacun a ses occupations de son côté

Est-ce facile / difficile à faire ? Pourquoi ?
Je suis sûr que ce serait très difficile pour moi et que ni moi, ni les membres de ma famille, ne souhaitons que je sois "sur leur dos" en permanence

Y aura-t-il un « prix à payer » ? Lequel ?
Je risquerais d'être frustré et de très mauvaise humeur si je devais abandonner cette liberté qui me (et nous) convient

☒ **Je le transforme**

Pour quelles raisons ?
Cette forme d'indépendance et ma liberté de mouvement sont un élément important de ma vie. Je tiens à le conserver

Comment pensez-vous pouvoir le retrouver ?
Mon implication dans un projet structuré et complet qui répondra à mon premier désir, celui de "découvrir et maîtriser de nouvelles techniques" exigera et justifiera une sauvegarde de mon indépendance. C'est en expliquant mon projet que je pourrai justifier mon besoin de liberté de mouvement. Le traitement des deux plaisirs est donc lié
La fin prochaine de mon activité professionnelle (très chronophage) me laissera un temps suffisant pour ma famille et mes cercles de relations

Figure 2-7

Jalons vers une seconde vie...

Que vais-je faire de ce plaisir professionnel ?

Mettre en place des projets et les mener à bien — 9

☐ **Je le conserve**

Pour quelles raisons ?
Je sais créer de nouveaux projets et les piloter convenablement...
Dommage d'en priver mon ancien employeur !

Pour combien de temps ?
Le temps de terminer un projet en cours et d'en mener complètement un nouveau qui soit important pour mon entreprise

Quels sont les risques de ce choix ?
- déranger mon successeur, qui a naturellement envie de prendre ses responsabilités et de travailler comme il l'entend
- mettre la Direction dans l'embarras devant ma demande
- montrer un visage un peu ridicule en m'accrochant trop

☐ **Je l'abandonne**

Pour quelles raisons ?
Il faut laisser la place aux autres et, peut-être, à d'autres méthodes de travail

Est-ce facile / difficile à faire ? Pourquoi ?
- Abandonner cette part importante de mon plaisir et de mes succès professionnels sera très difficile
- Ce sera aussi une perte pour l'entreprise

Y aura-t-il un « prix à payer » ? Lequel ?
- Pour moi des regrets évidents et de possibles critiques sur de nouvelles façons de faire qui ne sont pas les miennes
- Pour l'entreprise, sans doute moins d'efficacité...

☒ **Je le transforme**

Pour quelles raisons ?
Parce que c'est la seule façon de conserver ce plaisir (et cette compétence réelle) sans gêner l'entreprise et mon successeur

Comment pensez-vous pouvoir le retrouver ?
Toutes les compétences et tous les plaisirs que j'ai eus dans la gestion des projets professionnels, je pourrai les retrouver en pilotant avec autant de rigueur et de méthode mon principal projet personnel
Et ce choix n'aura aucune conséquence négative pour mon entreprise et sur mon successeur
Occupé de cette façon, je n'aurai pas l'occasion de critiquer ce que fera mon remplaçant...

Figure 2-8

Jalons vers une seconde vie… **Jalon 4**

Que vais-je faire de ce plaisir professionnel ?

Gagner de l'argent (honnêtement...) 9

☐ **Je le conserve**

Pour quelles raisons ?
Parce que c'est toujours agréable... en même temps que c'est une reconnaissance du travail fourni

Pour combien de temps ?
Aussi longtemps que je resterai (encore...) dans l'entreprise. Je ne travaille en aucun cas gratuitement.

Quels sont les risques de ce choix ?
Donner l'image un peu pitoyable que quelqu'un qui n'est jamais satisfait
Donner l'impression d'être encore une charge pour l'entreprise

☒ **Je l'abandonne**

Pour quelles raisons ?
Je n'ai pas besoin de plus d'argent aujourd'hui... Mon train de vie me suffit, à moi et à mes proches

Est-ce facile / difficile à faire ? Pourquoi ?
Ce ne sera pas difficile... je n'ai pas besoin de plus que ce que j'ai aujourd'hui
Je m'étais préparé à cette échéance financière

Y aura-t-il un « prix à payer » ? Lequel ?
Non. Je me suis suffisamment organisé pour qu'il n'y ait pas de conséquences négatives désagréables

☐ **Je le transforme**

Pour quelles raisons ?
Je souhaite continuer à percevoir des revenus mais je ne veux pas en imposer la charge à mon entreprise

Comment pensez-vous pouvoir le retrouver ?
- Dans cette hypothèse, je pourrais rechercher un autre travail rémunérateur en remplacement du premier
- C'est techniquement faisable (avec le statut de micro-entrepreneur, par exemple)
- J'ai assez de compétences pour les valoriser se serait-ce qu'auprès d'anciens clients. Mais dans ce cas, je me retrouverais dans la situation moralement délicate de la concurrence déloyale

Figure 2-9

Jalons vers une seconde vie…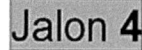

Que vais-je faire de ce plaisir professionnel ?

Animer une équipe et la manager — 8

☐ Je le conserve

Pour quelles raisons ?
J'ai toujours aimé le travail d'équipe, animer et manager au quotidien. J'ai assez bien réussi et je peux encore le faire

Pour combien de temps ?
Aussi longtemps que je pourrai être accepté dans mon ancienne entreprise pour le faire

Quels sont les risques de ce choix ?
Déranger mon successeur en prenant sa place ou en imposant des formes de management qui ne sont pas les siennes

☒ Je l'abandonne

Pour quelles raisons ?
Je ne me sens pas capable de manager les nouvelles générations de salariés. Je crains de me sentir en complet porte-à-faux

Est-ce facile / difficile à faire ? Pourquoi ?
J'aime le management mais je n'ai pas envie de travailler avec les nouvelles générations de salariés X, Y ou Z

Y aura-t-il un « prix à payer » ? Lequel ?
Le regret de ne plus faire de management d'équipes mais atténué par l'absence d'envie de travailler avec les nouvelles générations

☐ Je le transforme

Pour quelles raisons ?
Pour continuer à pratiquer une discipline que j'ai beaucoup aimée dans mes différents postes

Comment pensez-vous pouvoir le retrouver ?
- En me consacrant à des activités réservées à des groupes de séniors ou à mi-chemin de leur carrière professionnelle
- En travaillant dans des entreprises ou des structures sociales avec des groupes de pre-retraités ou de retraités

Figure 2-10

Jalons vers une seconde vie… **Jalon 4**

Que vais-je faire de ce plaisir professionnel ?

Faire des choix et prendre des décisions | 8

☐ **Je le conserve**

Pour quelles raisons ?
J'ai envie de continuer à prendre des décisions stratégiques pour mon entreprise et de lui apporter mon aide dans ses choix

Pour combien de temps ?
Aussi longtemps que mon avis sera respecté et suivi

Quels sont les risques de ce choix ?
- Pour moi, c'est de sembler vouloir m'accrocher au-delà du raisonnable et de paraître ridicule
- pour l'entreprise, c'est de faire confiance à un avis "dépassé" et de me laisser freiner la prise de poste de mon successeur

☐ **Je l'abandonne**

Pour quelles raisons ?
C'est mieux pour moi et l'entreprise de passer à autre chose

Est-ce facile / difficile à faire ? Pourquoi ?
Oui, ce sera difficile parce que j'ai passé ma vie professionnelle à prendre des décisions et que j'en maîtrise les processu

Y aura-t-il un « prix à payer » ? Lequel ?
Je risque de devenir très critique devant les décisions des autres et leurs modalités

☒ **Je le transforme**

Pour quelles raisons ?
Je veux continuer à faire des choix et à prendre des décisions mais sans être une gêne ni pour mon successeur ni pour mon entreprise

Comment pensez-vous pouvoir le retrouver ?
Dans les projets personnels que je vais développer, j'aurai un vaste terrain dans lequel faire des choix et de nombreuses occasions de prendre des décisions

Figure 2-11

Jalons vers une seconde vie…

Que vais-je faire de ce plaisir professionnel ?

Gérer la communication vers l'extérieur — 7

☐ Je le conserve

Pour quelles raisons ?
J'aime parler des qualités, des succès et des offres de mon entreprise. J'ai conservé de nombreux contacts à l'extérieur

Pour combien de temps ?
Aussi longtemps que j'aurai conservé mes contacts extérieurs

Quels sont les risques de ce choix ?
- Mon âge et ma "distance" par rapport aux nouvelles équipes de l'entreprise risquent d'amoindrir ma crédibilité auprès des interlocuteurs extérieurs
- Je risque de faire de l'ombre à des "communicants" plus jeunes

☒ Je l'abandonne

Pour quelles raisons ?
Je risque de paraître "dépassé" par rapport aux nouveaux messages de l'entreprises et aux nouveaux outils de communication

Est-ce facile / difficile à faire ? Pourquoi ?
- Ce ne sera pas très difficile : les nouveaux moyens et outils de communication (NTIC) me tentent assez peu
- La com. exige des moyens importants dont je ne disposerai plus

Y aura-t-il un « prix à payer » ? Lequel ?
Non ! Et je pourrai communiquer sur mes propres projets si j'en éprouve le besoin

☐ Je le transforme

Pour quelles raisons ?
Pour conserver une activité gratifiante qui flatte mon ego et pour conserver des contacts dans le milieu professionnel

Comment pensez-vous pouvoir le retrouver ?
En développant des projets "d'intérêt public" ou qui continuent de concerner mes contacts professionnels
Cela ne me semble pas a priori facile... Peut-être à très court terme, mais sans doute pas à moyen ou long terme

Figure 2-12

Jalons vers une seconde vie…

Que vais-je faire de ce plaisir professionnel ?

Avoir un sentiment de puissance — 6

☐ **Je le conserve**

Pour quelles raisons ?
Parce que j'ai beaucoup aimé ce sentiment en exerçant mes fonctions de manager

Pour combien de temps ?
Le plus longtemps possible avant de… paraître ridicule

Quels sont les risques de ce choix ?
- Prolonger une situation dépassée jusqu'à sembler ridicule
- Devenir une gêne insupportable pour mon successeur et un handicap pour l'entreprise

☒ **Je l'abandonne**

Pour quelles raisons ?
La peur de la nuisance et du ridicule est plus forte que le plaisir résiduel

Est-ce facile / difficile à faire ? Pourquoi ?
C'est difficile à accepter, mais la peur des conséquences est la plus forte

Y aura-t-il un « prix à payer » ? Lequel ?
Bien sûr ! Le prix de la nécessité et de la frustration

☐ **Je le transforme**

Pour quelles raisons ?
Pour arriver à conserver cette sensation quels que soient les moyens de le faire

Comment pensez-vous pouvoir le retrouver ?
Tous les moyens seraient bons, mais sans le support et le prétexte de l'entreprise ce sera certainement plus difficile !

Figure 2-13

Jalons vers une seconde vie…

Que vais-je faire de ce plaisir professionnel ?

> Faire des recrutements   6

☐ **Je le conserve**

Pour quelles raisons ?
J'aime faire des recrutements, j'en ai l'habitude et j'ai acquis, de mon expérience de dirigeant, une très bonne pratique

Pour combien de temps ?
De façon épisodique et extérieure, en fonction des besoins de mon entreprise

Quels sont les risques de ce choix ?
- Recruter des profils dépassés (me correspondant) et selon des critères dépassés (sans NTIC, par exemple)
- Empêcher mes remplaçants de prendre leurs responsabilités

☐ **Je l'abandonne**

Pour quelles raisons ?
Parce que j'ai perdu une bonne part de ma légitimité à recruter des collaborateurs pour aujourd'hui

Est-ce facile / difficile à faire ? Pourquoi ?
Je pourrai me contenter de "conseiller" de l'extérieurs si on fait appel à mes compétences encore actuelles

Y aura-t-il un « prix à payer » ? Lequel ?
Le risque existe d'un peu de jalousie, d'amertume et de critique de ma part

☒ **Je le transforme**

Pour quelles raisons ?
Je connais les fondamentaux du recrutement et je suis sûr de pouvoir les appliquer en dehors de mon ancienne entreprise

Comment pensez-vous pouvoir le retrouver ?
- Dans la mise en œuvre de mes projets post-entreprise, je vais avoir à "recruter" des partenaires, des équipiers, etc. même si ce n'est pas dans une logique et avec des objectifs professionnels
- Beaucoup de critère de recrutement sont applicables en dehors de l'entreprise

Figure 2-14

Jalons vers une seconde vie...

Que vais-je faire de ce plaisir professionnel ?

| Fréquenter les cercles locaux de pouvoir | 5 |

☐ **Je le conserve**

Pour quelles raisons ?
C'est une activité très gratifiante et qui renforce le sentiment de puissance

Pour combien de temps ?
Dans les moments importants de la vie de l'entreprise et du calendrier socio-politique (sans limite de durée ?)

Quels sont les risques de ce choix ?
- Manifester ostensiblement un peu trop d'ego et sans beaucoup de légitimité
- Risquer le ridicule d'exercer des fonctions purement "décoratives"

☐ **Je l'abandonne**

Pour quelles raisons ?
- Le risque du ridicule est très sensible et contre-productif
- Je risque de priver de ces moments les nouveaux responsables

Est-ce facile / difficile à faire ? Pourquoi ?
C'est difficile parce que le calendrier et mes interlocuteurs me rappelleront régulièrement ce plaisir maintenant interdit

Y aura-t-il un « prix à payer » ? Lequel ?
Le prix d'une distance nécessaire et immédiate avec les VIP du pouvoir local...

☒ **Je le transforme**

Pour quelles raisons ?
Parce que cet "avantage caché" de mes anciennes fonctions a toujours "caressé mon ego" de façon très agréables

Comment pensez-vous pouvoir le retrouver ?
- Je vais fréquenter plus assidument mes autres cercles de pouvoir et de notoriété (clubs, associations, etc.)
- Je ne vais plus utiliser directement mes références professionnelles maintenant interdites, mais jouer davantage sur mes qualités et ma notoriété personnelles, même si les deux sont liées

Figure 2-15

Troisième étape

Surveiller la position, le point de vue et le rôle des autres

On change seul, mais sous le regard des autres

Dans les trois étapes que nous venons de parcourir ensemble, nous avons surtout parlé de vous ! Et c'est bien naturel : la préparation de la « seconde vie » que vous allez vous offrir, c'est d'abord une affaire personnelle et une aventure individuelle. Les grands changements de la vie sont, pour la plupart, des étapes solitaires ! Nous avons beaucoup insisté sur le fait que les choix à faire étaient « vos choix ». Tout le travail proposé dans cette démarche se fonde sur un repérage précis de vos plaisirs professionnels. Et que peut-on imaginer de plus individuel, de plus personnel que la perception des plaisirs ? Comme nous avons pu le constater à de nombreuses reprises au cours des stages organisés pour des dirigeants et des cadres d'entreprises[38], la variété des plaisirs des uns et des autres est sans limites, tout comme celle des rejets et des détestations. Et cela, sans qu'il soit utile d'avancer la moindre explication un tant soit peu rationnelle. À supposer que l'on puisse identifier des causes plus ou moins évidentes dans l'histoire personnelle de chacun, voire dans les arcanes opaques de son inconscient, ce n'est pas notre objet. La seule chose qui nous importe, c'est que, dans notre vie professionnelle, nous avons aimé ceci ou cela, un point c'est tout ! Retenons donc que plaisirs et déplaisirs sont constitutifs de nos identités propres.

Cela dit, nous ne vivons pas seuls... De façon générale, « les autres » ont une place et un rôle discernables dans notre existence. Et ça nous vient de loin ! L'homme est un animal social incapable d'une totale indépendance. Rejouant le scénario de l'espèce, notre propre histoire commence avec la dépendance à l'autre. En effet, contrairement à celui des autres mammifères, le petit de l'homme naît dans un état de « prématuration » qui le rend incapable de survivre seul, sans l'aide attentive et constante de ses géniteurs ou de leurs substituts. L'agneau, le poulain ou le faon se mettent debout, commencent à gambader et sont capables de se nourrir dans les heures qui suivent leur naissance. L'enfant, lui, aura besoin de plusieurs années de protection, d'éducation et de soins continus pour atteindre un début d'autonomie. C'est ainsi que nous avons été façonnés par les autres et accoutumes, dès la naissance, à dépendre d'eux. Cette relation initiale s'impose d'elle-même, comme une forme d'emprise immanente et d'autant plus prégnante qu'elle s'établit à un âge où le cerveau est au tout début de sa constitution et qu'il se construira à partir de cette expérience du lien. Nous naissons dans la dépendance, et la présence des autres ne cessera de nous accompagner, pour le meilleur et pour le pire.

De ces moments de dépendance initiale, relations subies dans un rapport de force et d'amour déséquilibré, Sigmund Freud et la psychanalyse font dépendre les bouillonnements éruptifs de notre inconscient et la névrose. Nous en avons déjà parlé[39] et nous y reviendrons : une bonne part de nos modes relationnels se constituent et se structurent dans la toute petite enfance. Et, comme le répétait souvent la grande dame que fut Françoise Dolto[40] : « On a dit : Tout se joue avant 6 ans, on a ensuite circonscrit les trois premières années comme les années décisives de la formation de la personnalité. Tout se joue peut-être en huit jours, les premiers jours de la vie. Le temps des premières empreintes indélébiles, des blessures cicatricielles, se réduirait à la période périnatale[41]. » L'enfant se construit sous le regard de ses parents et, le plus souvent, selon le modèle véhiculé par le cercle familial. Plus tard, l'adolescence marquera le début d'une rupture avec une part de cet héritage et la recherche d'une identité moins dépendante. Le cercle des relations s'ouvre aux amitiés, aux admirations et aux premières amours. Le commencement de l'âge adulte est généralement associé à l'entrée dans la vie dite « active », ce statut étant complété, ou non, par une vie de couple… On comprend ainsi que des cercles successifs de relations se font et se défont en fonction des activités et des rythmes propres aux différents stades de la vie. Les relations familiales évoluent aussi : domination forte des parents pendant l'enfance, sortie progressive hors du cadre familial pendant l'adolescence, enfin choix exogames et constitution d'une nouvelle cellule familiale qui, selon toute probabilité, reproduira à son tour le même cycle depuis son début...

Nos relations aux « autres » évoluent donc avec nous, chaque âge de la vie ayant en ce domaine ses attentes et ses choix propres. Il existe une réelle synchronisation entre les moments de la vie et la nature des relations qui leur correspondent. On peut aussi remarquer que les éventuelles désynchronisations sautent aux yeux et posent question, voire paraissent totalement incongrues. Ainsi en est-il des parents qui « retombent en adolescence » auprès des copains de leurs enfants ou *a contrario*, des adolescents qui veulent « se vieillir » et singer une maturité anticipée au contact assidu des adultes. Dans les deux cas, on perçoit une sorte de transgression équivoque sinon suspecte des règles implicites qui structurent les relations autour de « couches d'âge », une fois passée l'enfance. On peut en déduire que la relation aux autres est loin de se présenter comme un choix libre et ouvert : elle obéit à des règles et des usages qui assurent sa pérennité. Notre relation aux autres, quelles qu'en soient la période de la vie et la nature, appartient à un système social lié lui-même à une culture[42] qui s'impose. Il n'y a donc de liberté relationnelle que dans un cadre défini, limité et contraint par le regard des autres, ou plutôt « les regards » des autres, chaque catégorie pouvant reconnaître une normalité et des contraintes qui lui sont propres.

Allons plus loin dans cette analyse rapide de notre relation aux autres, telle qu'elle se présente dans notre situation et qu'elle va interférer avec elle... Si elles évoluent avec le temps, dont l'âge et les générations sont les marqueurs les plus visibles, nos relations s'organisent aussi en différents cercles liés, les uns aux autres, à différentes situations de la vie et différentes caractéristiques culturelles. Il existe ainsi, pour n'évoquer que les plus partagés, des cercles familiaux, des cercles amicaux, des cercles professionnels, des clubs divers sportifs, politiques, philosophiques, des cercles religieux... Chacun de nous a ses ancrages dans des cercles de relations associés à sa situation, à sa culture et à ses choix personnels.

Des « systèmes de relations » où chacun a sa place

Ces différents cercles présentent en règle générale quelques spécificités partagées dont nous allons maintenant explorer rapidement l'importance pour la suite de notre démarche. D'abord, ils fonctionnent tous comme des « systèmes », au sens sociologique du terme. Et ce fonctionnement systémique présente lui-même plusieurs caractéristiques importantes. En premier lieu, le système est constitué par une collection d'éléments, dans notre cas des personnes, qui partagent une caractéristique reconnue, voire affichée ou proclamée : appartenir à une même famille, faire du sport ensemble, exprimer la même croyance ou faire partie de la même entreprise…

Par ailleurs, ce système est structuré par les relations, ou plutôt les interrelations, qui en relient chacun des éléments à tous les autres. Ces relations varient en nature et en intensité. Mais chaque événement qui touche, de quelque façon que ce soit, un des éléments du système va toucher aussi, comme par ricochet, tous les autres. On parlera alors de relations « interactives », chaque interaction ayant un impact sur tous les éléments qui constituent le système. D'un cercle à un autre, d'un système à un autre, les interactions seront de nature et de force différentes. Elles ne seront pas identiques dans le système de la famille, dans celui de l'entreprise, dans un club de sport ou dans un groupe de paroissiens…

La troisième caractéristique d'un système de relations réside dans le fait que la place, le rôle, donc la relation de chacun à l'ensemble, sont précis et peu variants. Cette position stable peut être définie de façon objective par une position hiérarchique (chef d'équipe, père de famille, doyen d'université…) ou par une fonction (pilote, concierge, aumônier…). Mais la position peut également être implicitement reconnue, même si c'est de façon « non dite », par toutes les composantes du système. C'est ainsi que l'on reconnaîtra « l'autorité naturelle » de l'un, le « prestige évident » de l'autre ou « la force impressionnante » d'un troisième. Le modèle très classique du « mâle dominant » est présent dans la faune sauvage, mais également dans les groupes humains ! On notera par ailleurs que si les positions de chacun dans le système auquel il appartient sont généralement stables, c'est que cette stabilité, acceptée et même confortée par tous, garantit la pérennité du système.

Des systèmes qui cherchent à rester stables

Et on touche ici à une autre caractéristique des systèmes sociologiques : chacun d'eux s'organise pour rester stable. On parlera alors d'homéostasie ou d'un système homéostatique. Aussi, dès qu'un de ses composants est susceptible de générer une perturbation[43], les autres éléments s'organisent ensemble, implicitement ou explicitement, pour s'opposer à la perturbation et en neutraliser les effets, confortant ainsi la stabilité du système où chacun conserve sa position et son statut. Le système familial a été l'objet d'innombrables observations qui corroborent ce tropisme homéostatique, même au prix de conséquences paradoxales. Par exemple, des systèmes familiaux se sont structurés et fonctionnent avec un membre de la famille souffrant d'une forte addiction à l'alcool ou à la drogue. Cet élément du système en question a donc le statut de « malade », statut que lui ont attribué et qu'entretiennent les autres éléments. Les sociologues ont constaté de nombreuses fois que ce sont souvent les membres « bien portants » de sa propre famille, qui sont les premiers obstacles à une démarche thérapeutique qui permettrait de sauver le toxicodépendant… La raison de ce paradoxe étonnant est à la fois simple et logique : les soins apportés au « malade de la famille » risqueraient de lui faire quitter ce statut qui est constitutif du système et, par là même, de déstabiliser le système entier et tous ses autres membres, amenés alors à rechercher une autre forme d'équilibre.

Dans ce registre, vous avez sans doute constaté que la plupart des groupes humains constitués recèlent des individus auxquels tous les autres attribuent, et de façon généralement unanime, une position et une fonction précises : il y a, par exemple, le casse-pieds, le rigolo, le malin, le champion ou le colérique… qualifications auxquelles on accole le plus souvent l'expression « de service », signifiant par là que son rôle et son statut dans le groupe sont stables et reconnus par tous. Chacun attend de lui, dans les mêmes situations, le même type d'attitude ou de réaction stéréotypées. Un peu comme un rituel, ce jeu de rôle répétitif va conforter la cohésion du groupe alors qu'une réaction inattendue viendrait la perturber.

Après cette rapide incursion dans la sociologie des groupes, revenons à notre sujet : vous et votre changement de situation. En effet, vous appartenez vous-même à plusieurs groupes ou cercles relationnels. Dans chacun d'eux vous ont été attribués un statut, une place et une image dont on peut dire qu'ils « vous collent à la peau ». Et que va-t-il se passer maintenant ? Un petit séisme sociologique : vous allez perturber plusieurs des systèmes dont vous êtes un élément. En quittant le monde du travail, vous allez le faire brutalement et de deux façons différentes ! Regardons ça de plus près…

D'abord, vous allez passer du statut d'actif, avec toutes les particularités, réelles et fantasmées, attachées à cette situation, au statut de « retraité » qui, lui aussi, véhicule une collection impressionnante de caractéristiques plus ou moins imaginaires. Et ce passage se fera sur le mode de la bascule : immédiatement, complètement et sans aucune hypothèse de retour en arrière. Vous pouvez alors imaginer que tous les groupes auxquels vous appartenez vont être touchés par ce changement et réagiront en conséquence pour tenter d'en atténuer le choc et en limiter les effets.

Mais la perturbation la plus importante et la plus inattendue viendra sans doute de votre non-conformisme : votre projet assumé de « seconde vie » va surprendre et déranger vos différents systèmes relationnels par son manque de conformité aux modèles classiques de comportement et, par là même, à leurs attentes. Vous allez susciter des questions que personne ne pressentait. Ce faisant, vous perturberez les membres de vos cercles relationnels et déclencherez des réactions de défense. Soyez sûr que tous les groupes auxquels vous appartenez vont chercher à se défendre, ou plutôt vont protéger leur stabilité et leur confort face à ce qui sera perçu comme une incohérence ou une faute de votre part. On attendait de vous un comportement « conforme » au scénario classique du « départ en retraite » et voilà que vous allez faire montre d'une liberté assumée, revendiquée dans une démarche un peu corsaire... « Malheur à celui par qui le scandale arrive ! »[44]

Cependant, dans ce petit cataclysme qui s'annonce, vous disposez d'un avantage certain et d'un atout maître dans votre jeu : tout ça, vous le savez ! Vous allez donc pouvoir anticiper les tempêtes (tempêtes dans un verre d'eau ou typhons relationnels...), vous allez pouvoir imaginer d'où elles peuvent surgir et préparer ce qu'il faut pour vous en protéger. Vous saurez aussi comment vous y prendre pour ne pas blesser inutilement ceux qui vous sont chers, et comment ne pas faire payer par les autres le prix de votre liberté et de vos plaisirs retrouvés.

Analyser, vous préparer, anticiper, prévoir des comportements adaptés et des explications utiles pour faire respecter vos choix sans faire exploser vos cercles relationnels, c'est exactement l'objectif pratique et concret de cette troisième étape de notre démarche.

À la recherche de « mes autres » ? Repérage...

L'expression « mes autres » en lieu et place de « les autres » peut vous sembler un peu bizarre et vous surprendre. Elle est choisie à dessein, pour signaler que les seuls autres qui nous intéressent ici, à ce stade de notre travail, sont ceux que concernera ce que vous êtes en train de vivre : votre passage peu ordinaire du statut d'actif à celui de retraité d'un style inattendu. Nous ne porterons notre attention que sur ceux-là. Même si d'autres personnes peuvent sembler plus proches de vous, le fait que votre aventure ne les concerne en rien les exclut de notre réflexion du moment. En revanche, il s'agit maintenant de n'oublier personne, de n'omettre aucun de celles et ceux qui, appartenant à l'un et/ou l'autre de vos systèmes relationnels, risquent d'être un peu secoués par l'originalité de votre démarche et, disons-le, le culot des choix que vous assumez.

◆ Ce travail de repérage, vous allez le faire en utilisant un nouveau document que cette démarche vous propose : la fiche **Jalon 5** (Figure 3-1). Son objet est de vous servir de guide, presque de *check-list*, pour identifier ces « autres » dont la préoccupation fera partie de votre réflexion.

Proximité familiale	Proximité amicale	Proximité professionnelle	Proximité associative	Proximité spirituelle	Autres proximités

Conjoint(s) ☐
Ex-conjoint(s) ☐
Enfants dépendants :
- Jeunes ☐
- Ados ☐
- Jeunes adultes ☐
Enfants indépendants :
- ... ☐
- Fille / fils ☐
- Conjoint(s) ☐
- Petits enfants ☐
Frères et sœurs : ☐
Oncles et tantes : ☐
Cousins /cousines : ☐
Parents :
- Père ☐
- Mère ☐
Autre :
- ... ☐
- ... ☐
	Cercles d'amis :
	- ... ☐
	- ... ☐
	- ... ☐
	Cercles de voisinage :
	- ... ☐
	- ... ☐
	- ... ☐
		Mon dernier poste :
		- Patron ☐
		- Supérieur ☐
		- Collègues :
		  ... ☐
		  ... ☐
		  ... ☐
		- Collaborateurs :
		  ... ☐
		  ... ☐
		  ... ☐
		- Fournisseurs :
		  ... ☐
		  ... ☐
		  ... ☐
		- Clients :
		  ... ☐
		  ... ☐
			Cercle sportif :
			... ☐
			... ☐
			... ☐
			Cercle caritatif :
			... ☐
			... ☐
			... ☐
			Cercle culturel :
			... ☐
			... ☐
			... ☐
			Autre cercle :
			... ☐
			... ☐
				Cercle religieux :
				... ☐
				... ☐
				... ☐
				Cercle politique :
				... ☐
				... ☐
				... ☐
				Cercle philosophique :
				... ☐
				... ☐
				... ☐
				Autre cercle spirituel :
				... ☐
				... ☐	

Figure 3-1

Comme vous pouvez le remarquer, cette fiche vous propose modestement quelques catégories de relations parmi les plus courantes, sinon les plus banales... Dans chacune d'elles, quelques suggestions plus précises devraient vous permettre d'identifier l'essentiel de celles et ceux dont vous allez vous soucier. Pour le dire autrement, ce document est censé vous aider à repérer précisément « vos autres ». Cinq registres différents de proximité vous sont suggérés, avec plus ou moins de détails :

- La proximité familiale d'abord. C'est sans doute la plus immédiate et la plus importante pour la réflexion que vous menez. À des degrés divers, donc avec des forces de pression (positive et négative) différentes, cette catégorie de personnes aura une influence considérable pendant la construction de votre deuxième vie. Ces proches seront les premiers touchés, donc les premiers à réagir, dans un sens ou dans un autre, à vos choix et à vos projets.

  Dans le système familial, la proximité affective des différents membres peut aussi bien vous accompagner utilement que se cabrer contre des intentions et des ambitions, les vôtres, qui les perturbent. Les plus proches de vous ne seront pas toujours les plus prompts à vous aider dans votre aventure…

  Prenez aussi en compte les différences de générations : les attentes, les réactions, les craintes liées à l'âge seront des éléments importants quand il s'agira pour vous d'anticiper, de prévoir ou d'expliquer les différents comportements des membres de votre système familial.

- La proximité amicale n'est pas proposée de façon aussi structurée et détaillée que la précédente. Elle ne possède pas par nature de modèles sociologiques précis. Au-delà des cercles traditionnels et génériques des amis ou des voisins, il vous reviendra de préciser les autres systèmes amicaux auxquels vous appartenez.

- La proximité professionnelle propose une analyse des relations importantes entretenues dans votre dernier poste. Ce terme est à prendre au sens le plus large : il inclut le secteur d'activité, l'employeur, le métier, la position hiérarchique et sans doute aussi d'autres détails professionnels que vous seul pouvez connaître.

  L'expérience montre qu'il est souvent inutile de remonter en amont vers des situations professionnelles antérieures pour y retrouver des relations qui perdurent. D'abord, parce que l'actualité de la situation présente recouvre très rapidement toutes les autres ; ensuite, parce que c'est bien ce dernier poste que vous allez quitter à votre manière peu conventionnelle. Pour les autres, c'est fait depuis longtemps et sans doute oublié !

- La <u>proximité associative</u> est très riche et très ouverte, à l'échelle du nombre pléthorique et de la variété des associations[45] qui animent la vie sociale de notre pays. Par ailleurs, ces structures de toutes tailles sont souvent des « lieux de pouvoir », sans enjeux importants ni mesures véritables, où la tension des ambitions individuelles tient parfois lieu de feuille de route. Les changements y sont le plus souvent perçus comme des menaces par des systèmes relationnels qui vivent parmi les *statu quo*, les rites et les non-dits.

- Les <u>proximités spirituelles</u> sont d'un tout autre ordre. Elles sont organisées en systèmes solides, souvent anciens, construits autour d'une croyance partagée. C'est l'adhésion à des principes fondamentaux[46] qui relie les membres du système. On pourra parler ici de croyance, de foi, de doctrine ou de positions philosophiques communes. Ces systèmes sont souvent très structurés, organisés autour d'une hiérarchie reconnue et respectée.

    L'adhésion formelle à la doctrine professée est une condition de l'appartenance et la déviance, considérée comme hérétique, est menacée d'exclusion. Toute position hétérodoxe par rapport à la foi, aux pratiques ou aux comportements est difficilement acceptable pour un système relationnel fondé sur la reconnaissance ritualisée d'une adhésion individuelle.

- Il existe certainement d'autres formes de proximité qui ne sont pas suggérées dans cette grille. Si c'est nécessaire, il vous reviendra donc de la compléter à partir de votre propre histoire.

Identifier nos différents cercles de relations

En passant en revue les différentes suggestions de la fiche Jalon 5, vous découvrirez rapidement que nous appartenons tous à plusieurs systèmes de relations. Les uns sont liés aux circonstances de notre naissance et nous ne les choisissons pas, comme une bonne part des relations familiales. Les autres sont hérités de notre environnement culturel, comme les cercles religieux, philosophiques ou politiques. Nous y adhérons ou les refusons, mais quel que soit notre choix, il ne se fait que par rapport à la situation qui nous est offerte par les circonstances de la vie.

Par ailleurs, et sauf exception, chaque cercle social auquel nous appartenons est indépendant des autres. Notre position dans l'un n'est en rien liée à celle que nous pouvons avoir dans les autres. Ainsi donc, l'impact qu'aura notre changement de statut sur les membres de nos différents cercles sera très différent d'un système social à un autre, qualitativement et quantitativement. « Nos autres » seront touchés à chaque fois de manière singulière et avec une force elle aussi singulière.

La première chose que vous allez faire maintenant est de repérer et de qualifier tous les systèmes de relations auxquels vous appartenez, du moins ceux qui sont susceptibles d'être touchés par votre démarche (gérer votre départ en retraite comme vous l'entendez pour vous préparer une seconde vie…).

Ensuite, vous analyserez ces relations pour imaginer en quoi ces autres seront touchés, avec quelle force et quel impact ils le seront. Cette exploration vous permettra d'anticiper leurs réactions et de les situer quelque part entre un accompagnement complice et une opposition affirmée. Vous pourrez alors choisir le comportement qui vous semblera le plus adapté à la situation.

◆ Vous allez donc travailler sur la fiche Jalon 5 et vous attacher à repérer les cercles relationnels auxquels vous appartenez dans les cinq types de proximité qui sont proposés à votre réflexion. Une fois de plus, dans cette phase de travail, il n'y a pas de bonne ou de mauvaise réponse : il s'agit d'abord de n'oublier aucun des cercles relationnels importants qui seront touchés par ce départ en retraite que vous conduirez de façon volontaire et un peu « corsaire » !

◆ Pour illustrer l'utilisation de ce document de travail, nous vous proposons une fiche Jalon 5 que nous avons remplie (Figure 3-2) afin de vous la commenter. Bien sûr, il s'agit là d'un travail un peu formel et inventé de toutes pièces. Son objectif est purement pédagogique, comme le sont les commentaires que nous vous proposons pour l'accompagner.

alons vers une seconde vie...   **Jalon 5**

Qui sont « mes autres » : repérage

Proximité familiale	Proximité amicale	Proximité professionnelle	Proximité associative	Proximité spirituelle	Autres proximités

Conjoint(s) ☒
Ex-conjoint(s) ☐
Enfants dépendants :
Jeunes ☐
Ados ☒
Jeunes adultes ☐
Enfants indépendants :
Fille / fils ☒
Conjoint(s) ☒
Petits enfants ☒
Frère(s)/sœur(s) : ☒
Oncles et tantes : ☐
Cousins /cousines : ☐
Parents :
Père ☐
Mère ☒
Autre :
... ☐
... ☐
... ☐
	Cercles d'amis :
	Anciens École ☒
	- ... ☐
	- ... ☐
	Cercles de voisinage :
	- ... ☐
	- ... ☐
		Mon dernier poste :
		- Patron ☐
		- Supérieur ☒
		- Collègues :
		  Successeur ☒
		  ... ☐
		  ... ☐
		- Collaborateurs :
		  ... ☐
		  ... ☐
		  ... ☐
		- Fournisseurs :
		  ... ☐
		  ... ☐
		- Clients :
		  ... ☐
		  ... ☐
		  ... ☐
			Cercle sportif :
			... ☐
			... ☐
			Cercle caritatif :
			Resto du cœur ☒
			... ☐
			Cercle culturel :
			Asso Concerts ☒
			... ☐
			... ☐
			Autre cercle :
			Cons. Syndical ☒
			Rotary ☒
			... ☐
				Cercle religieux :
				Communauté R. ☒
				... ☐
				... ☐
				Cercle politique :
				Section locale ☒
				... ☐
				Cercle philosophique :
				... ☐
				... ☐
				... ☐
				Autre cercle spirituel :
				... ☐
				... ☐
				... ☐
					Amicale des Bretons

Figure 3-2

Voici donc quelques commentaires qui n'ont qu'un intérêt technique : illustrer de façon concrète, même si elle est totalement inventée, l'utilisation de la fiche Jalon 5 que vous avez sous les yeux.

- La première colonne est évidemment la plus importante pour la plupart d'entre nous, puisqu'elle examine nos relations familiales.

    ◆ Le conjoint[47] est à coup sûr celui (ou celle) parmi « nos autres » qui sera le plus concerné par notre changement de situation.

    ◆ Les enfants sont directement touchés par le changement de situation d'un de leurs parents. Mais ils le seront de façon différente selon qu'ils sont encore dépendants du foyer familial ou qu'ils vivent déjà à l'extérieur, eux-mêmes en couple avec un conjoint et peut-être des enfants, lesquels seront alors les « petits-enfants » du retraité.

    ◆ Parmi les autres membres du cercle familial, le ou les parents (du futur retraité) seront sans doute très touchés par votre situation nouvelle : ils sont déjà passés par là !

- Au nombre des cercles de proximité amicale, nous avons retenu celui des anciens élèves de l'École de commerce dont nous avons suivi le cursus avant d'entrer dans la vie active. Ces groupes d'alumni, comme on les nomme aujourd'hui, conservent une grande influence relationnelle au-delà même du déroulement des carrières proprement dites. Ils peuvent aussi nous être utiles le moment venu…

- Dans le cercle des relations professionnelles *stricto sensu*, nous avons retenu, de façon encore arbitraire, un supérieur hiérarchique de notre dernier poste et le collègue qui va nous remplacer. Nous verrons plus loin comment l'un et l'autre sont parties prenantes de notre aventure.

- Au nombre de nos relations associatives, quatre cercles seront touchés par notre changement de situation, même si c'est de façon très différente :

    ◆ Le groupe local des Restos du Cœur auquel je donne un peu de temps bénévole pour des tâches administratives et comptables ;

- ◆ Une association d'amateurs de musique et habitués des concerts dont je suis adhérent ;
- ◆ Le Conseil syndical de ma résidence dont je suis un membre actif et engagé ;
- ◆ Le club local du Rotary, puisque je suis rotarien de longue date.

- La dernière forme de proximité proposée est qualifiée de « spirituelle ». Ce terme est à prendre au sens le plus général : il s'agit de cercles sociaux qui réunissent leurs membres autour d'une idée partagée. Dans notre exemple, deux groupes sont évoqués :
  - ◆ Une communauté religieuse paroissiale ;
  - ◆ La section locale d'un parti politique libéral et centriste auquel nous adhérons.
- Pour illustrer une proximité différente et qui échappe aux cinq catégories prédéfinies, nous avons choisi, encore de façon artificielle et anecdotique, la participation (souvent festive) à une Amicale des Bretons exilés ici, loin de leurs origines géographiques, affectives et culturelles.

Nos cercles relationnels : mode d'emploi

Maintenant que nous avons analysé rapidement la répartition de « nos autres » entre différents cercles, chacun constituant un système relationnel dont nous sommes parties prenantes, il reste à décider quoi en faire ! Le premier impératif est d'éviter tout jugement de valeur et tout jugement moral. La question n'est pas là et, à ce stade de nos travaux, une telle attitude ne nous apporterait rien sinon aigreur, rancœur ou mépris. On peut même penser que ça n'aurait aucun sens, les différents éléments du système que sont « nos autres » interagissant de façon réflexe, presque mécanique, au moins dans un premier temps.

Regardons de plus près ce qui va se passer ! Vous êtes un élément (parmi d'autres) d'un système relationnel stable, dans lequel chacun a sa place, son rôle et son image. Rappelez-vous que ce système fonctionne avec un tropisme très fort vers la stabilité et un rejet presque automatique de toute source de déstabilisation, même légère. Votre passage du statut d'actif à celui de retraité et, qui plus est, votre gestion très personnelle de cette situation, vont à coup sûr perturber les différents systèmes auxquels vous appartenez et déclencher des réactions de rejet et d'autoprotection. Devant cette situation, on peut avoir deux attitudes complémentaires : l'anticipation et la réaction appropriée.

- Pour anticiper, vous allez réfléchir en amont et imaginer ce qui peut se passer dans la tête de « vos autres » face à votre nouvelle situation et aux choix que vous avez faits pour la gérer. La façon la plus efficace est de vous imaginer à la place des personnes concernées et de vous demander ce que, dans leur situation,

  ◆ vous pourriez penser,

  ◆ vous pourriez craindre,

  ◆ vous pourriez dire...

C'est votre bonne connaissance de ces proches et une attitude logique, sans a priori, qui vous permettront une stratégie d'anticipation utile. Bien sûr, il ne s'agit pas d'inventer des réactions que vous aimeriez qu'ils aient... Ça ne servirait qu'à vous tromper sur la suite. Il vaut toujours mieux pécher par excès de réalisme, quitte à noircir un peu le tableau.

- Une fois anticipés les comportements vraisemblables des autres, il vous restera à adapter vos réactions, celles qui vous permettront soit de supprimer les risques, les incompréhensions et les blocages, soit d'en contrecarrer les effets négatifs sur le bon déroulement de vos projets.

Comme nous l'avons déjà fait à de nombreuses reprises, nous vous proposons de travailler sur un document, la fiche Jalon 6 (Figure 3-3) qui vous guidera pour poser dans le bon ordre toutes les questions utiles.

Jalons vers une seconde vie...					Jalon 6
Quels comportements avec « mes autres » : exploration					
Mes autres...	ils pensent	ils craignent	ils disent	Je vais (leur) dire	Je vais faire

Figure 3-3

Mais avant de travailler sur cette nouvelle fiche, je vous invite à partager quelques idées à la fois générales et personnelles sur ce moment très particulier, plein de risques, de questions et d'hésitations légitimes que vous allez vivre en abordant ce prochain changement de vie.

Entendons-nous bien ! L'intention de ces lignes n'est pas de vous dire ce que vous devez faire ou ne pas faire ! Cette question ne regardera que vous, les vôtres. Nous avons juste l'intention de clarifier un peu ce moment qui sera sans doute plein d'émotions nouvelles et de vous aider à vous repérer au milieu d'attentes parfois opposées et d'injonctions souvent contradictoires. Prendre du recul, réfléchir, comprendre les intentions des autres, clarifier les vôtres, voilà qui pourra vous aider à passer ce cap important, navigation en haute mer qu'on ne pratique qu'une seule fois dans sa vie. Alors, mieux vaut s'entraîner un peu pour réussir le passage du premier coup…

Anticiper, comprendre et accompagner les réactions des autres

Même préparé de longue date, le passage du statut d'actif à celui de retraité est un moment brutal. C'est un changement de tout à rien et, *a priori*, sans espoir de retour que l'on ne vit qu'une fois dans son existence. De plus, qu'on le veuille ou non, ce moment ouvre une nouvelle période dont l'issue théorique est connue d'avance et non négociable… On a beau retourner le sujet dans tous les sens, on a beau tenter d'anesthésier ce passage à grand renfort de pots de départ, de discours lénifiants et de cadeaux collectifs, la réalité est bien là : vous êtes effectivement au début de votre dernière ligne droite ! De plus, pendant que vous serez à la pêche ou en train de garder vos petits-enfants, la « vraie vie » continuera sans vous et certainement aussi bien. C'est la voie sans issue, résignée et un peu glauque, que suivront la majorité silencieuse des nouveaux « retraités » ! Mais c'est pour éviter d'en faire partie que vous avez décidé d'emprunter des chemins de traverse. Vous avez dit non à la voie de garage pour parcourir joyeusement la route d'une seconde et nouvelle vie. Ce choix courageux, libre et intelligent est le vôtre. Reste à voir maintenant la réaction des autres !

En assumant un choix évidemment transgressif, vous allez en surprendre plus d'un. Vous allez bousculer des habitudes, des certitudes et des attentes. Vous allez heurter de plein fouet un système de relations bien établi et dont les habitudes arrangent tout le monde. Le passage de l'activité à la retraite est, pour le futur retraité, une situation « à risques ». Le premier de ces risques est lié aux regards et aux attentes des autres. Entendons-nous bien ! Il ne s'agit pas d'un risque de vie ou de mort… mais d'une réelle menace sur vos projets et sur la liberté que vous revendiquez, à juste titre, pour les mener à bien. Et il y a deux raisons à cela, deux raisons à la fois opposées et complémentaires. La première, c'est que, dans l'esprit de beaucoup, passé votre dernier jour de travail, votre dernier jour d'actif, dirait-on encore, votre agenda est vierge et votre temps totalement libre et donc… à la disposition de tous. Et c'est bien là le danger ! Puisque vous n'avez plus de contraintes professionnelles, votre temps libéré est à la merci des autres, et d'abord de vos proches.

Certains mêmes s'imagineront vous être utiles, leurs exigences, leurs demandes ou leurs propositions étant alors censées vous éviter l'ennui pesant d'une brutale inactivité. D'autres invoqueront vos compétences pour user ou abuser de votre nouvelle disponibilité. Le pire des scénarios est celui d'une forme de revanche, d'un règlement de comptes souvent inconscient à la fin de votre situation d'actif. En voici la trame un brin perverse, mais assez répandue : vous avez été un mari, un père ou un ami souvent absent, indisponible, absorbé par des activités professionnelles importantes…

Eh bien ! Maintenant, ce peut être la revanche de votre entourage ! Fini le métier chronophage, on peut (et on va…) vous « faire payer » vos absences et votre éloignement avec le sentiment vengeur d'un juste retour des choses. Ajoutez à ce cocktail névrotique une petite dose de culpabilité de votre part, ne serait-ce que parce que vous avez beaucoup aimé les activités et la liberté qui vous tenaient éloigné de vos « obligations familiales », et vous voilà pieds et poings liés à la merci des vôtres. Soyez sûr que cette situation fréquente et malsaine ne rendra personne heureux. Bien au contraire, elle fera du mal à l'ensemble de votre cercle familial.

Puisque vous ne pouvez plus utiliser votre poste et votre métier comme justifications de cette indépendance qui vous convenait si bien, comme alibi de votre distance avec les affaires familiales et les préoccupations domestiques[48], vous allez devoir assumer clairement et sans faux-semblants votre besoin légitime de liberté et d'indépendance. Mais à partir de maintenant, vous devrez les revendiquer comme telles. Pour le dire autrement, vous aurez à défendre la vie que vous aimez, comme vous l'aimez et pour la seule raison que vous l'aimez et que vous en avez envie !

Nos cercles relationnels nous enferment parfois dans des rôles et des positions qui ne sont pas en accord avec notre personnalité, nos choix ou nos projets. La question est alors de savoir si nous devons céder à la résignation ou défendre notre liberté et nos envies. Il n'y a qu'une réponse acceptable : ne pas transiger avec ses désirs et ne pas céder au chantage affectif, implicite ou explicite, de ceux qui nous entourent. Il ne s'agit pas ici d'un égocentrisme choquant, juste d'une exigence naturelle de la vie : il est impossible d'être heureux à côté de ses désirs. Le sacrifice de soi n'apportera jamais à personne une vie satisfaisante, en dehors des romans à quatre sous. D'où l'importance capitale de toujours revendiquer ce que l'on aime et affirmer ce que l'on désire faire, ne serait-ce que pour ne pas créer de mauvaises surprises.

Ne rien cacher de ses projets, les partager explicitement avec ses proches, exprimer clairement ses attentes, ses desseins et ses plaisirs, reconnaître aux autres le droit d'avoir les mêmes comportements, voilà des conduites adultes et saines, même si elles ne font pas toujours partie des fondamentaux de l'éducation... De plus, la revendication paisible de ce que nous aimons n'interdit en rien de partager d'autres projets avec nos proches. C'est juste une question d'envie et d'organisation !

Quand il s'agit de défendre des choix et des positions, on prête parfois aux autres, et même aux plus proches parmi les nôtres, des positions, des attentes et des jugements qu'ils n'ont pas ! C'est un des aspects classiques des quiproquos et des malentendus. Ces erreurs résultent souvent de nos propres inquiétudes : par exemple, si je crains qu'un membre d'un de mes cercles relationnels se cabre devant mon choix, c'est parce que son éventuelle réaction, même si je ne la connais pas, m'inquiète avant même qu'il ne l'ait exprimée. Alors, je vais me conduire comme si sa réaction négative était actée. Mon attitude, offensive ou défensive, l'incitera à s'opposer réellement à mes positions alors même qu'initialement, il n'en avait pas la moindre intention. Ainsi naissent les malentendus, les déconvenues et les conflits !

En réalité, quelles que soient les circonstances, quelle que soit la situation à l'intérieur de nos cercles de relations, on est souvent beaucoup plus blessé, beaucoup plus encombré et beaucoup plus perturbé par ce qui est tu que par ce qui est dit. La fermentation secrète des non-dits produit souvent le poison des relations. Affirmer posément ses choix, les expliquer avec clarté, défendre ses positions en écoutant les arguments des autres, tous ces comportements « Adulte-Adulte »[49] facilitent nos relations avec les autres à l'intérieur de nos différents cercles. Faites-le toujours clairement et calmement : les colères et les emportements, les petites phrases fielleuses et coupantes sont le plus souvent des indices de faiblesse !

Et quand vous négocierez vos projets, n'oubliez jamais que dire « non », ou refuser une proposition qui ne convient pas est un droit, un droit pour vous et un droit pour les autres. Entre les deux, il y a toujours la place pour les discussions et les explications.

Comme pour les deux étapes précédentes, nous allons travailler maintenant à partir de quelques exemples. Rappelez-vous que les différentes fiches sont remplies pour que vous ayez sous les yeux des questions organisées, des éléments de réponse et des commentaires associés. Leur intérêt est avant tout formel : il s'agit de voir comment fonctionnent la démarche et les outils associés. Le contenu des cas traités importe assez peu, même si nous avons tenu à lui conserver un minimum de crédibilité et de cohérence.

◆ Comme le suggère la figure 3-4, les différents exemplaires de la fiche Jalon 6 ont été préparés à partir du repérage des « autres » qui a été fait sur la fiche Jalon 5. Dans la colonne de gauche (« Mes autres... »), nous avons reporté une première série de membres de nos systèmes de relations sur lesquels nous avons pensé qu'il était important de réfléchir.

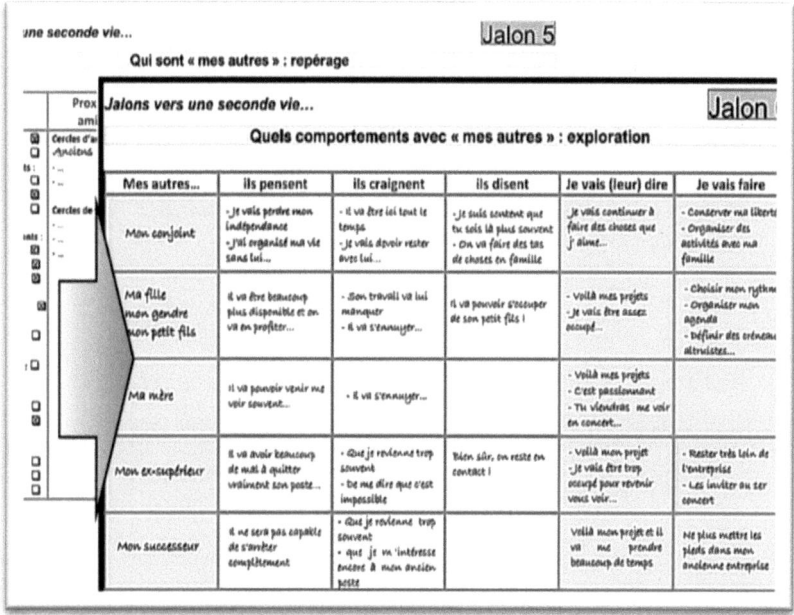

Figure 3-4

Sur la 1re (sur 3) fiche **Jalon 6** (Figure 3-5), il s'agit d'abord du cercle des relations familiales dont nous avons retenu :

- un conjoint,

- le couple d'une fille et de son mari, avec un petit-fils,

- une mère.

Il s'agit ensuite du cercle de nos dernières relations professionnelles dont :

- notre ancien supérieur hiérarchique,

- notre remplaçant au poste que nous quittons.

Les trois colonnes suivantes, de gauche à droite, suggèrent les questions que nous vous invitons à vous poser le plus lucidement possible pour chacun des « autres » que vous avez retenus.

Pour remplir les deux colonnes « Ils pensent » et « Ils craignent », vous essayerez de vous mettre « à la place » de ces autres qui vont être (ou qui sont déjà) confrontés à vos projets de retraite inattendus, et d'imaginer leurs pensées et leurs réactions les plus vraisemblables. Celles-ci ne seront pas nécessairement conformes à ce qu'ils pourraient choisir de vous dire (colonne « Ils disent »).

Mes autres...	Ils pensent	Ils craignent	Ils disent	Je vais (leur) dire	Je vais faire
Mon conjoint	- Je vais perdre mon indépendance - J'ai organisé ma vie sans lui...	- Il va être ici tout le temps - Je vais devoir rester avec lui...	- Je suis content que tu sois là plus souvent - On va faire des tas de choses en famille	Je vais continuer à faire des choses que j'aime...	- Conserver ma liberté - Organiser des activités avec ma famille
Ma fille, mon gendre, mon petit fils	Il va être beaucoup plus disponible et on va en profiter...	- Son travail va lui manquer - Il va s'ennuyer...	Il va pouvoir s'occuper de son petit fils	- Voilà mes projets - Je vais être assez occupé...	- Choisir mon rythme - Organiser mon agenda - Réserver des créneaux pour les autres
Ma mère	Il va pouvoir venir me voir souvent...	- Il va s'ennuyer...		- Voilà mes projets - C'est passionnant - Tu viendras me voir en concert	
Mon ex-supérieur	Il va avoir beaucoup de mal à quitter vraiment son poste...	- Que je revienne trop souvent - De me dire que c'est impossible	Bien sûr, on reste en contact !	- Voilà mon projet - Je vais être trop occupé pour revenir vous voir...	- Rester très loin de l'entreprise - Les inviter à mon 1er concert
Mon successeur	Il ne sera pas capable de s'arrêter complètement	- Que je revienne trop souvent - Que je m'intéresse encore à mon ancien poste		Voilà mon projet et il va me prendre beaucoup de temps	Ne plus mettre les pieds dans mon ancienne entreprise

Figure 3-5

Dans les deux dernières colonnes, vous noterez ce que vous penserez utile de dire à chacun et utile de faire pour défendre et pour soutenir votre projet. Ici, l'essentiel est d'avoir réfléchi à toutes les questions pour anticiper des réactions cohérentes, sans avoir à improviser une réponse en direct et au cas par cas.

Au risque de nous répéter, précisons une nouvelle fois que l'intérêt de ces documents que nous avons nous-mêmes remplis est d'illustrer le type de questions à se poser au moyen des réponses qui sont apportées. Le choix des attitudes et des comportements évoqués n'est en rien exemplaire des bonnes attitudes ! Il est juste réaliste et inspiré par nos expériences. Mais celles-ci ne seront pas nécessairement les mêmes que les vôtres…

◆ Commençons par jeter un coup d'œil sur les questions et réponses de la première ligne (Figure 3-6) :

ons vers une seconde vie…   **Jalon 6**

Quels comportements avec « mes autres » : exploration

Mes autres...	ils pensent	ils craignent	ils disent	Je vais (leur) dire	Je vais faire
Mon conjoint	- Je vais perdre mon indépendance - J'ai organisé ma vie sans lui…	- Il va être ici tout le temps - Je vais devoir rester avec lui…	- Je suis content que tu sois là plus souvent - On va faire des tas de choses en famille	- Je vais continuer à faire des choses que j'aime…	- Conserver ma liberté - Organiser des activités avec ma famille

Figure 3-6

L'exemple vous montre que les pensées et les craintes prêtées à l'épouse sont à l'exact opposé de ce qu'on pouvait attendre d'elle : une femme modèle, attendant sagement le retour de l'époux… mais il n'en est rien : à l'âge supposé des conjoints, chacun a déjà organisé sa vie et n'a sans doute aucune envie d'en remettre en cause l'organisation ni de sacrifier ses habitudes et ses plaisirs au retour du « mari prodigue ». Mais ceci n'empêche pas, bien au contraire, de penser aussi à organiser des activités nouvelles à partager en famille.

◆ Les relations avec les autres membres du système familial signalent un autre risque (Figure 3-7) :

Ma fille mon gendre mon petit fils	Il va être beaucoup plus disponible et on va en profiter...	- Son travail va lui manquer - Il va s'ennuyer...	Il va pouvoir s'occuper de son petit fils !	- Voilà mes projets - Je vais être assez occupé...	- Choisir mon rythme - Organiser mon agenda - Définir des créneaux altruistes...
Ma mère	Il va pouvoir venir me voir souvent...	- Il va s'ennuyer...		- Voilà mes projets - C'est passionnant - Tu viendras me voir en concert...	

Figure 3-7

Très souvent, les membres du premier cercle vont prêter au nouveau retraité des caractéristiques, vraisemblables sans doute, mais qui leur sont d'abord utiles à eux-mêmes ! Très souvent, on va penser que, devenu inactif, il n'a plus rien à faire et qu'il va donc nécessairement s'ennuyer. De là à penser qu'il est disponible pour « rendre service », s'occuper à la demande de ceci ou de cela, il n'y a qu'un pas. Et ce pas est d'autant plus vite franchi qu'il est bien pratique de profiter d'une disponibilité devenue théoriquement béante. On pense même que c'est prendre soin de lui que de lui proposer ainsi quelques occupations salutaires... Pour le nouveau retraité, c'est un vrai danger. Et ce danger sera d'autant plus présent que l'inactif débutant aura encore du mal à dire non ou qu'il se laissera effleurer par les mauvaises ondes de la culpabilité.

La première précaution sera donc de toujours poser des limites, de ne jamais afficher sa disponibilité et de refuser fermement, de temps à autre, toutes les formes de sollicitations. À côté de cette stratégie défensive, vous devrez partager régulièrement des informations sur les avancées de vos projets, sur le temps que ça vous prend et sur le plaisir que vous y trouvez.

La question de votre disponibilité siphonnée sans limite par des proches chronophages est à la fois cruciale et compliquée. Alors, ne vous laissez pas prendre au piège de la gentillesse et du devoir. N'hésitez pas à dire non, mais toujours avec le sourire et avec des explications.

◆ Avec la figure 3-8, nous allons passer aux relations entretenues dans votre proximité professionnelle :

Mon ex-supérieur	Il va avoir beaucoup de mal à quitter vraiment son poste...	- Que je revienne trop souvent - De me dire que c'est impossible	Bien sûr, on reste en contact !	- Voilà mon projet - Je vais être trop occupé pour revenir vous voir...	- Rester très loin de l'entreprise - Les inviter au 1er concert
Mon successeur	Il ne sera pas capable de s'arrêter complètement	- Que je revienne trop souvent - que je m'intéresse encore à mon ancien poste		Voilà mon projet et il va me prendre beaucoup de temps	Ne plus mettre les pieds dans mon ancienne entreprise

Figure 3-8

Dans cet exemple, il s'agit de votre ancien supérieur hiérarchique et de votre successeur au poste que vous quittez. Votre ancien patron, qui vous estime autant que votre travail a été apprécié dans l'entreprise, s'imagine avec inquiétude que vous aurez beaucoup de difficultés à partir... Comme il est toujours à son poste et qu'il s'y plaît, il est persuadé que le départ sera pour vous un crève-cœur, surtout avec... le patron de choix que vous aviez ! Il redoute donc vraiment de vous voir trop souvent passer dans l'entreprise « pour dire bonjour » à vos anciens collègues. Il sait que ce serait malsain pour tout le monde et il appréhende d'avoir à vous en faire la remarque.

Qu'allez-vous donc lui dire ? Simplement ce qu'il faut pour le rassurer : vous êtes très occupé par la conduite de votre projet de nouvelle vie et vous n'aurez guère le temps de remettre les pieds sur les lieux de votre ancien travail. Et, bien sûr, vous tiendrez parole !

Quant à votre successeur, lui aussi, il sait combien vous avez aimé le poste auquel il vous remplace avec la même ardeur. Il craint donc un peu vos visites et de trop fortes marques d'intérêt sans doute accompagnées de conseils divers et variés pleins de bonnes intentions. Vous allez donc le rassurer, lui aussi, en évoquant le quasi-plein temps du projet qui vous occupe. Vous lui jurerez que vous n'avez plus aucune raison de retourner dans votre ancien bureau, si bien occupé aujourd'hui... Et même s'il vous en coûte un peu, vous respecterez votre engagement.

◆ Nous pouvons passer à la 2ᵉ fiche **Jalon 6** (Figure 3-9) :

Jalons vers une seconde vie...   **Jalon 6**

Quels comportements avec « mes autres » : exploration

Mes autres...	Ils pensent	Ils craignent	Ils disent	Je vais (leur) dire	Je vais faire
Restos du Cœur	Je vais avoir davantage de temps à donner		Je dois passer plus de temps sur place	Je ne m'engagerai pas davantage	
Association des amateurs de Concerts			Ils peuvent m'aider dans mon projet musical	J'ai besoin d'aide : - pour ma formation - pour acheter mon instrument	
Conseil Syndical de ma résidence	Je suis intéressé par la présidence	Que je m'oppose au président actuel		- La présidence ne m'intéresse pas - Je reste travailler avec l'équipe	
Rotary Club	Je vais m'impliquer davantage dans les opérations			Je donne déjà mon maximum	
Anciens de l'École de Commerce				Je cherche des partenaires de mon âge pour jouer	Proposer de jouer pour le gala de l'école

Figure 3-9

Ces 5 cercles de proximité amicale et associative posent des questions nouvelles qui appellent toutes des réponses et des comportements très différents.

◆ Ainsi, l'association caritative locale à laquelle vous appartenez (l'exemple des Restos du Cœur est évidemment fortuit) a besoin de plus de bras et d'aides bénévoles pour assurer ses missions (Figure 3-10) :

Jalons vers une seconde vie...

Quels comportements avec « mes autres » : exploration

Mes autres...	ils pensent	ils craignent	ils disent	Je vais (leur) dire
Restos du Coeur	Je vais avoir davantage de temps à donner		Je dois passer plus de temps sur place	Je ne m'engagerai pas davantage

Figure 3-10

Elle compte donc sur une plus grande disponibilité et une plus grande présence de votre part et le fait savoir au nouveau retraité que vous êtes. Mais comme pour les sollicitations familiales, vous refusez de vous engager davantage et de consacrer plus de votre temps à cet engagement. Vous choisissez de défendre votre liberté et votre agenda tout en maintenant votre niveau antérieur d'implication. Bien sûr, vous expliquez votre position sans réticences ni complexes…

Dans ce type de conflit, qui oppose des préoccupations morales (altruisme, engagement, solidarité…) au respect de choix personnels, il n'y a pas de réponse ni de décision totalement satisfaisante. Si j'accepte la sollicitation, je sacrifie tout ou partie de mon projet ; si je fais le choix inverse, je vois venir une culpabilité possible… La seule issue est d'assumer son choix et de respecter son projet.

◆ Le groupe des amateurs de concerts ne me demande rien (Figure 3-11) :

Association des amateurs de Concerts			Ils peuvent m'aider dans mon projet musical	J'ai besoin d'aide : - pour ma formation - pour acheter mon instrument

Figure 3-11

En revanche, ayant eu vent de mon projet musical, ils me proposent leur aide... Je vais donc préciser mes besoins en la matière et accepter leur aide et leurs conseils.

◆ Je suis membre actif du Conseil syndical de ma résidence (Figure 3-12) :

Conseil Syndical de ma résidence	Je suis intéressé par la présidence	Que je m'oppose au président actuel		- La présidence ne m'intéresse pas - Je reste travailler avec l'équipe...

Figure 3-12

Comme beaucoup de structures de ce type, c'est un lieu de pouvoirs : les membres s'y côtoient en permanence, ils doivent prendre des décisions qui engagent les autres et obtenir des majorités de projets. Les responsabilités sont très encadrées par de nombreuses lois et des règlements compliqués dont la maîtrise exige des compétences et du travail. Le président est un peu considéré comme le « maire » de la résidence : il est sollicité pour tout et n'importe quoi et il doit rapidement agir et trancher. C'est une fonction qui exige du temps, du savoir-faire, du tact et de la disponibilité. Comme telle, elle est souvent assurée par un retraité qui a exercé des fonctions managériales.

Le président en fonction s'imagine rapidement que vous allez briguer son poste... En réalité, il remplit très bien son mandat et vous n'avez vous-même aucune intention de le remplacer, encore moins de postuler plus tard cette fonction. Néanmoins, ce simple soupçon, aussi infondé soit-il, risque de tendre vos relations et de dégrader la bonne entente ainsi que la qualité du travail effectué. La crainte fantasmée du président est partagée par plusieurs copropriétaires.

Vous décidez donc de dire officiellement que vous ne briguez aucune fonction nouvelle et que vous continuez, exactement comme avant, votre travail avec le Conseil syndical.

◆ Le Rotary Club sollicite un engagement plus affirmé de votre part dans la vie du club local et l'organisation des actions caritatives (Figure 3-13) :

Rotary Club	Je vais m'impliquer davantage dans les opérations			Je donne déjà mon maximum.	

Figure 3-13

Votre attitude sera la même qu'avec les Restos du Cœur : vous donnez déjà votre maximum ! Il serait donc inutile de vous demander davantage…

◆ La dernière ligne concerne l'Association des anciens de votre École de commerce (Figure 3-14) :

Anciens de l'École de Commerce				Je cherche des partenaires de mon âge pour jouer…	Proposer de jouer pour le gala de l'École

Figure 3-14

Les relations avec les anciens de l'école sont devenues très épisodiques et distendues… C'est vous qui allez pouvoir solliciter leur aide pour dénicher des amateurs de musique de jazz susceptibles d'être associés à votre projet d'orchestre. En plus, à la fois comme un but à atteindre et comme un clin d'œil, vous proposerez de jouer avec le groupe à l'occasion d'un prochain gala de l'école…

◆ Nous terminons cette réflexion avec la dernière fiche **Jalon 6** (Figure 3-15) :

Jalons vers une seconde vie…					Jalon 6
Quels comportements avec « mes autres » : exploration					
Mes autres…	ils pensent	ils craignent	ils disent	Je vais (leur) dire	Je vais faire
Communauté paroissiale	Je peux donner davantage de mon temps		Je dois m'engager davantage puisque j'ai du temps !	Je ne suis pas très intéressé	M'éloigner un peu et me faire plus discret
Section locale du Parti XX	Je peux assurer la présidence de la section		Je dois faire du recrutement et du lobby	- J'ai des projets personnels - Je ne souhaite pas m'impliquer davantage	
Amicale des Bretons				Je recherche des partenaires musiciens	

Figure 3-15

◆ Le premier cercle de relations évoque une appartenance (familiale) à une communauté paroissiale (Figure 3-16) :

Jalons vers une seconde vie…					Jalon 6
Quels comportements avec « mes autres » : exploration					
Mes autres…	ils pensent	ils craignent	ils disent	Je vais (leur) dire	Je vais faire
Communauté paroissiale	Je peux donner davantage de mon temps		Je dois m'engager davantage puisque j'ai du temps !	Je ne suis pas très intéressé	M'éloigner un peu et me faire plus discret

Figure 3-16

Dans ce groupe, les relations interpersonnelles atteignent une réelle proximité. Tout le monde, ou presque, y est donc au courant de votre nouveau statut, mais pas de vos projets.

La situation nouvelle a donné aux animateurs du groupe l'idée de vous proposer des engagements qui vont au-delà de la simple participation à laquelle vous vous êtes limité jusqu'à présent. Il va de soi que l'engagement suggéré exige un investissement personnel que vous ne souhaitez pas accepter. De plus, il suppose une adhésion de nature « spirituelle » qui ne fait pas partie de vos projets ni même de vos aspirations.

C'est par cet argument que vous allez exprimer un refus que vous accompagnerez d'une prise de distance prudente pour vous faire un peu oublier...

◆ La demande de votre organisation politique est encore plus nette (Figure 3-17) :

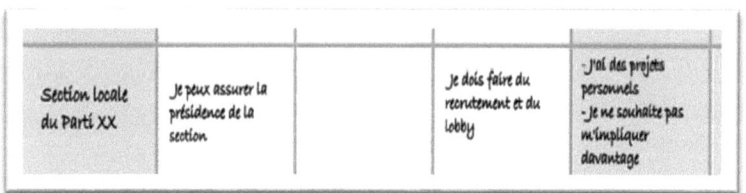

Figure 3-17

Après plusieurs années d'un militantisme assez distant du fait de votre peu de disponibilité, vous voilà sollicité pour présider la section locale et organiser des actions de recrutement et de lobby ! Il s'agit de mettre à profit les compétences que vous avez acquises et pu vérifier dans l'exercice de vos activités professionnelles.

La politique ne fait plus partie de vos choix prioritaires... Pour le dire plus vite, vous n'y croyez plus beaucoup, même si vous ne l'avez pas souvent reconnu. Alors, la proposition d'un engagement militant plus solide ne vous concerne plus du tout.

Mais, pour ne blesser aucun de vos anciens compagnons de militantisme, vous ne parlerez que de vos projets personnels pour justifier votre prise de distance. Admettons que vous vous autorisez ici une petite lâcheté polie et bien pratique !

◆ Vos relations avec l'Amicale des Bretons sont uniquement festives : Fest-noz, cidre, galettes et musique celtique (Figure 3-18) !

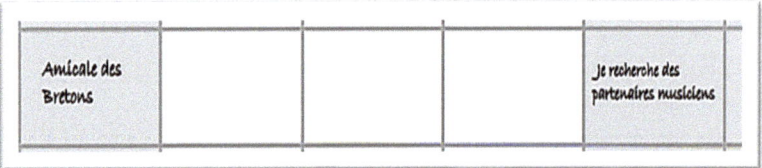

Figure 3-18

Vous n'y avez aucun engagement particulier. Mais, la musique ayant une part importante dans la vie de ce groupe, vous comptez bien y faire connaître votre projet, ne serait-ce que pour recruter des musiciens intéressés par votre groupe de jazz.

Nous voici parvenus au terme de la 3e étape de notre travail. Vous l'avez bien remarqué, elle est très différente des trois premières.

Vous n'avez pas, à proprement parler, travaillé à la construction de votre nouvelle vie. Cependant, vous en avez abordé, en toute lucidité, un point capital : la place et la part que prendront les autres, tous « vos autres » dans le bon déroulement de votre aventure. Cette place, c'est vous qui choisirez de la leur donner.

La pire maladresse serait de les ignorer, par crainte ou lassitude. Ce serait de faire comme s'ils n'existaient pas. Non seulement vous leur réserveriez alors un traitement qu'aucun d'eux ne mérite sans doute, mais encore ils pourraient, souvent sans le savoir, faire obstacle à des projets qu'ils méconnaîtraient. N'oubliez pas que les silences et les non-dits sont un poison dangereux dans toutes les relations, y compris avec les plus proches des vôtres. Alors, associez-les plutôt à vos projets, faites-en des alliés et des complices !

N'oubliez pas non plus que la proximité affective et les demandes insistantes de vos proches ne vous obligent pas à tout accepter de leur part. Ne vous laissez pas prendre au piège des attentes démesurées, du gentil chantage, des bons sentiments ou des petites manipulations culpabilisatrices ! Osez refuser et apprenez à dire non quand vous pensez qu'il le faut !

Désormais, vous avez un projet de vie. Alors, votre première exigence doit être de protéger cette ambition courageuse et la belle aventure que vous avez commencée. C'est sa réussite qui vous rendra heureux et fier. Voilà ce que vous aurez l'immense plaisir de partager avec ceux que vous aimez.

---

[38] Voir l'Avant-propos qui relate l'origine de ce livre et de la démarche qu'il propose (pages 10 et suivantes).
[39] Voir pages 33, 35 et 45.
[40] Françoise Dolto (1908-1988) : pédiatre et psychanalyste française qui a consacré sa vie à la psychanalyse et à l'éducation des enfants. Elle s'est fait connaître du grand public par ses nombreux livres au contenu et au ton révolutionnaires ainsi que par des séries d'émissions radio très grand public sur Europe N° 1 (*Docteur X*, en 1968) et sur France Inter (*Lorsque l'enfant paraît*, en 1976-1978). Françoise Dolto était la mère du chanteur Carlos.
[41] Françoise Dolto, *La cause des enfants*, Éditions Pocket, 1995.
[42] Toute culture est inscrite dans un endroit et une époque. Comme l'illustre par mille exemples la sociologie, ce qui « se fait » à un moment de l'histoire et dans un endroit du monde deviendra une faute, voire un crime, ailleurs et à une autre époque...

[43] En particulier, s'il est lui-même touché par une perturbation venant de l'extérieur du système.
[44] *Nouveau Testament, Évangile selon saint Luc* (lc 17,1).
[45] On estime en France, en 2019, entre 1,35 et 1,45 million le nombre des associations en activité. Selon les dernières statistiques, 24 % des créations d'associations concernent le secteur culturel, 17 % celui des sports et 11,7 % celui des loisirs.
[46] C'est vrai pour les religions, les obédiences maçonniques ou les partis politiques.
[47] La présence d'un pluriel possible (s) dans la fiche **Jalon 5** n'est pas une invitation à la polygamie ou à la polyandrie ! Elle veut uniquement tenir compte d'un nouveau fait de société : la situation de plus en plus fréquente des familles dites « recomposées »…
[48] À supposer, bien sûr, que ce soit votre cas ! Sinon, passez vite à la suite…
[49] L'expression est à comprendre au sens que lui donne l'Analyse transactionnelle.

Quatrième étape

Changer tout pour garder l'essentiel de ce que vous avez aimé

Il y a changement et... changement

« Changer » serait-il un mot magique ? Et la « volonté de changement » serait-elle une vertu cardinale mère de tous les bonheurs possibles ? Ce sont d'abord des mots-valises, des attrape-tout qui affirment en même temps une chose et son contraire. Prenons deux exemples de ces usages du mot « changement » qui le tirent successivement à hue et à dia. La première acception appartient aux ritournelles de la culture révolutionnaire, c'est le grand soir annonceur des aubes nouvelles, que les changements promis viennent de gauche ou de droite. « Il faut tout changer » accompagne les coups de menton en meeting, et « le changement, c'est maintenant » n'a pas changé grand-chose à la vie nationale et au bonheur de nos concitoyens. Mais c'est aussi ce qu'ont voulu imposer à la Chine les Gardes rouges de Mao ou au Cambodge de Pol Pot, les Khmers de même couleur : puisque le peuple ne voulait pas facilement changer, il a bien fallu « changer le peuple » à coup de confessions forcées, de crimes imaginaires, de déportations dans des campagnes hostiles ou d'exécutions sommaires sans jugements ni raison. Changement à marche forcée ou à mort forcée, les dictateurs massacrent toujours au nom du changement, changement paranoïaque par élimination d'une catégorie sociale, d'une culture, d'une religion ou d'une race. L'histoire des civilisations est jalonnée de ces éradications massives et méthodiques conduites au nom du changement.

Dans toute allusion au changement, il reste donc quelques traces subliminales de ruine et de destruction pour faire place à du nouveau, du plus neuf et, comme tel, du présumé meilleur. Il reste aussi quelques bribes d'illusion. Les religions invitent à « dépouiller le vieil homme »[50], le marxisme à faire « du passé table rase »⁵¹, les chirurgiens esthétiques, les coachs sportifs, les stylistes et les coiffeurs à « changer de look »… Dans tous ces cas, il s'agit bien d'abandonner ce que l'on était pour devenir autre, soi-même en mieux, évidemment !

La retraite, au sens classique du terme, invite à se retirer de la peau et du costume de salarié pour se retrouver ainsi dépouillé et engager les vingt qui viennent dans le plus simple appareil. Bien sûr, on trimballe avec soi quelques projets formels et obligatoires pour occuper tout ce temps, comme voyager, sortir, lire, s'occuper de ses petits-enfants ou, de façon plus générale, « faire tout ce qu'on n'a pas eu le temps de faire » pendant ses années dites actives. Vaste programme ! Mais on ne voit là que peu de passion, bien peu d'envies et beaucoup d'artifices convenus comme si ne restait que la seule perspective de passer le temps ! Pour le dire vite et autrement, la retraite risque de vous retirer un des principaux ressorts de la vie : le travail et le plaisir du travail. Oui, le jour de la retraite, le changement, c'est bien maintenant ! Hélas…

Mais il existe, et c'est heureux, une autre acception du mot « changement ». Ou plutôt, il existe une façon de changer à la fois plus maligne et plus utile que la présomptueuse et dangereuse « table rase » que nous venons d'évoquer. On peut changer non seulement sans mutilation ni brutalité, mais au contraire, avec l'ambition assumée, reconnue et organisée de conserver ce qu'on a réellement aimé.

À l'école du Guépard ou du Kaiser : tout changer, pour garder l'essentiel

« Il faut que tout change pour que rien ne change. » Cette phrase extraite du roman de Lampedusa, *le Guépard*⁵², n'est ni un oxymore ni une galéjade. Elle révèle une véritable philosophie de la vie qui sert de structure à l'œuvre. Voici donc, très rapidement résumée, l'histoire que raconte ce chef-d'œuvre de la littérature italienne. Le Guépard, personnage éponyme du roman, Don Fabrizio Corbera, prince Salina, est un riche aristocrate sicilien cultivé et savant. L'histoire commence avec l'arrivée des troupes de Garibaldi qui vont bouleverser l'Italie et marquer l'essor d'une nouvelle bourgeoisie commerçante. Le prince, lucide et clairvoyant, voit l'aristocratie s'effondrer, mais ne fait rien pour s'y opposer. Son neveu et pupille, Tancredi Falconeri, noble lui aussi, choisit le camp du changement. Il participe à la révolution garibaldienne puis rejoint l'armée régulière. D'un caractère joyeux et plein d'esprit, il n'a rien d'un noble romantique accroché au passé et aux causes perdues comme les traditions aristocratiques déclinantes : dans la société qui est en train de bouger, il tire un trait sur un passé révolu et va servir la cause libérale par intérêt et ambition. Ainsi, épouse-t-il Angelica, la très jolie fille d'un riche propriétaire avare et parvenu, Don Calogero Sedàra. Pour conserver les avantages de sa classe et de sa situation, Tancredi se prête à tous les abandons calculés puisque, affirme-t-il, « il faut que tout change, pour que rien ne change »...

Que se cache-t-il derrière cet aphorisme célébrissime ? Une fois dépassés la musique du proverbe et le jeu de mots qui oppose « tout » à « rien » autour du verbe « change », on peut commencer à comprendre, à la lumière du roman et de la psychologie des personnages, la signification très profonde de la phrase que Lampedusa prête à Tancredi. Si l'on veut que « rien ne change », c'est-à-dire si l'on veut conserver l'essentiel, ce à quoi l'on tient avant tout, il faut accepter que le reste, lui, change. Mais quel est donc ce « reste » ? Il s'agit de l'environnement, du cadre, ce qui est à côté de l'essentiel auquel on tient, mais qui, en même temps, en est la cause, le soutient et le permet. La question n'est donc pas – et nous arrivons au cœur de notre sujet – de sacrifier certains points secondaires, de faire en quelque sorte « la part du feu »... En revanche, la stratégie – et il s'agit bien de stratégie – consiste à renoncer aux éléments visibles et constitutifs de l'ancien cadre pour que les nouveaux qui les remplaceront produisent les mêmes effets, ceux auxquels on tient, afin que, de cette façon, « rien ne change ». Ainsi, Tancredi va-t-il se désintéresser des us et coutumes de la noblesse d'où il est issu et trouver dans la bourgeoisie montante un cadre nouveau pour asseoir son pouvoir, sa fortune, son prestige et ses amours.

C'est bien le changement profond de son cadre (de l'aristocratie assumée à la bourgeoisie revendiquée) qui rend possible pour le jeune ambitieux la conservation romanesque et brillante de tout ce à quoi il tient vraiment.

Dans un tout autre registre, loin du roman italien et beaucoup plus près de nous, la mise en parallèle de deux aventures professionnelles exceptionnelles nous apporte le même type de démonstration. Les deux stars mondiales de la haute couture et de la mode contemporaine que sont Yves Saint Laurent et Karl Lagerfeld ont commencé leur vie artistique et conquis leur notoriété de façon parallèle, presque identique. En revanche, ils ont fait l'un et l'autre le choix de stratégies opposées devant les évolutions de leur métier et de leur milieu artistique. Des années 1960 aux années 2000, ils ont mené tous les deux des carrières de créateurs concurrents. À cette période, la haute couture et ses maisons vivaient fort bien avec une clientèle réduite à quelques centaines de femmes richissimes, capables de dépenser des fortunes pour porter une seule fois dans une réunion mondaine une véritable œuvre d'art, unique et griffée. Après cette période, les plus fameuses maisons de couture indépendantes sont passées sous le contrôle de grands groupes financiers, et les moins prestigieuses ont disparu. La création et les défilés sont rapidement devenus un moyen de communication et de faire-valoir d'autres activités : le prêt-à-porter haut de gamme, beaucoup plus lucratif. Les griffes prestigieuses étaient donc toujours présentes sur les marchés du monde entier, mais le *business model* avait radicalement changé. Yves Saint Laurent n'a pas été capable de déroger à son statut et à son image d'artiste. Il s'est isolé avant de sombrer dans les « passions tristes »[53] et la drogue. Il n'a pas accepté de prendre en compte l'évolution « industrielle » de la mode ni su lui adapter son art et son génie. Il a conservé son image et son fonctionnement d'artiste et s'est marginalisé jusqu'à quitter la scène.

Pour sa part, *Kaiser Karl*[54] a très vite compris les évolutions inéluctables de l'économie de la mode et de son propre métier. Pour conserver son « essentiel », sans doute, entre mille autres choses, sa colossale fortune, son prestige, sa liberté insolente, son train de vie, son luxe et ses lubies, il a fait voler en éclats le cadre d'où il venait, ainsi que ses canons et sa culture. Il a créé sa propre enseigne de prêt-à-porter et une chaîne de magasins, tout en continuant à vendre son génie créatif à la marque Chanel. Il a fait de la décoration, signé des créations de design (meubles et bouteilles Coca-Cola, par exemple), conquis une forte notoriété en tant que photographe, acheté et dirigé une librairie, tourné dans des spots publicitaires…

Bref, ce créateur de génie a su abandonner sans arrière-pensées les carcans formels et dépassés de ses débuts pour épouser les évolutions de son monde et conserver jusqu'à sa mort tout ce qu'il avait aimé. Il a su tout changer « pour que rien ne change », lui qui avait choisi comme devise « le changement, c'est la façon la plus saine de survivre »[55] !

Où en sommes-nous maintenant dans notre démarche ?

Après ce long détour par la Sicile et la mode, revenons rapidement à notre démarche. Pour commencer, rappelez-vous tout ce que vous avez fait jusqu'à présent :

◆ Vous avez fait la liste des principaux plaisirs professionnels rencontrés dans vos différentes fonctions. Ce pouvait être des satisfactions faciles à reconnaître et à évoquer, ou encore des avantages cachés plus privés, plus intimes, peut-être même plus secrets, mais qui avaient pour vous le goût évident du plaisir. Les deux catégories ont fait l'objet d'une liste sur les fiches **Jalon 1** et **Jalon 2**.

◆ Vous avez attribué, à chacun d'eux, plaisirs et avantages cachés, un score traduisant son importance à vos yeux. Ce score vous a permis de créer une liste mixte, mélangeant plaisirs et avantages cachés que vous avez classés par ordre décroissant d'importance. Vous avez donc formalisé ce qui comptait le plus pour vous. Et les résultats de ce travail figurent sur la fiche **Jalon 3**.

◆ Pour chaque ligne de cette liste, c'est-à-dire pour chacun des items la composant, donc pour chacun des plaisirs que vous avez recensés, sur la fiche **Jalon 4**, vous avez déjà fait le choix :

- soit de le prolonger à l'identique,
- soit de l'abandonner et d'y renoncer,
- soit de le transformer afin de le retrouver ailleurs et autrement, c'est-à-dire d'en changer le cadre, de retrouver ou de reconstruire des conditions différentes afin d'en profiter encore, après votre retraite, une fois oubliées ses conditions initiales.

◆ Pour mettre un point final à cette phase introspective et analytique, vous avez fait ensuite un peu de tri et de classement. Ainsi, les plaisirs que vous avez choisi de prolonger à l'identique ne nécessitent pas de travail complémentaire : la situation qui vous les procure sera prolongée telle quelle et les mêmes causes produiront les mêmes effets. Vous aurez cependant à gérer les possibles conséquences négatives que peut avoir cette prolongation inopinée au-delà de leur fin théorique. Cette hypothèse, assez incongrue et sans doute peu courante, a été illustrée par quelques exemples développés sur l'ensemble des fiches **Jalon 4** dans le chapitre précédent[56]. Les conséquences négatives de ce type de choix se traduiront d'abord en effets dangereux sur l'entreprise ainsi qu'en nuisances pour votre successeur et votre propre réputation.

◆ Les plaisirs que vous avez choisi d'abandonner ne nécessiteront évidemment aucun travail supplémentaire… Là encore, seules les conséquences de votre choix mériteront votre attention. Contrairement à l'hypothèse de la prolongation, les effets de la frustration, du manque et des regrets éventuels ne toucheront que vous. Il faudra néanmoins vous préparer lucidement à cette phase de « deuil » qui, pour être totalement personnelle, peut parfois se montrer douloureuse.

◆ Le choix le plus utile et le plus intéressant que vous avez pu faire est, bien sûr, celui de la transformation : il s'agit dans ce cas de retrouver le même plaisir ou le même avantage caché, mais grâce à des circonstances nouvelles et dans un cadre différent que vous allez devoir imaginer.

Une reconstruction complète

La phase que nous abordons maintenant est un moment clé de notre démarche : vous venez de sélectionner ce que vous avez particulièrement aimé et que vous souhaitez retrouver dans votre « nouvelle vie », celle d'après le travail professionnel. Il s'agit bien d'une phase de « reconstruction » qui mérite autant d'attention, de travail et d'intelligence que la « construction » de votre aventure professionnelle. Les seules différences sont la durée de l'une et de l'autre, une moindre pression pour « faire une carrière » et, bien sûr, l'importance du salaire devenue secondaire dans vos choix. La seconde vie sur laquelle nous travaillons maintenant a de fortes chances de durer environ la moitié de la première, celle que vous avez passée dans les différents postes proposés par les entreprises qui vous ont accueilli. Avec un peu de chance et d'autodiscipline, vous la vivrez en bonne santé, au moins confortablement. Ce prochain tiers[57] de votre vie active mérite amplement que vous lui consacriez du temps et du travail. Il n'est pas question, en effet, de laisser bêtement filer ces années en attendant la dernière ! Vous vous trouvez réellement au seuil d'une nouvelle étape de votre vie, une vraie « seconde vie », certainement pas une période d'extinction lente, d'ennui subi et d'abandons inutiles. Du moins, c'est l'hypothèse que nous pouvons faire ensemble si vous continuez à lire ce livre...

◆ Avant de rentrer dans le vif de votre projet, faisons une nouvelle fois un petit détour méthodologique... Un des risques de ce travail commun, et nous en avons déjà parlé[58], c'est de s'en tenir aux bonnes intentions, d'en rester aux rêves sympathiques, mais trompeurs, de rester en lisière d'un vrai projet de vie construit pour fonctionner dans la réalité. Pour éviter ce risque, aussi sournois que banal, vous pourriez travailler avec l'aide d'un *coach*. Son rôle ne serait évidemment pas de vous apporter des réponses, comme le ferait un « directeur de conscience[59] » ou un gourou, car seuls importent vos propres réponses et vos choix personnels. En revanche, ce rôle de *coach* pourrait être de vous poser les bonnes questions, dans le bon ordre. Il ne vous lâcherait pas avant que vous ayez exprimé vos décisions et vos doutes. Il pourrait certainement aussi vous pousser dans vos retranchements, souligner des lacunes ou des ambiguïtés, noter vos réponses, dans la formulation que vous avez retenue, à chacune des étapes du travail...

Mais je suis à peu près sûr que vous n'aurez pas de *coach* et je fais le pari que vous travaillerez seul ! Eh bien ! Peut-être, avez-vous déjà eu le sentiment que la démarche et les fiches **Jalon** qui la... jalonnent, remplissent un peu ce type de fonctions et vous apportent, d'un peu plus loin, certes, mais bien plus facilement, l'aide que vous pourriez attendre d'un *coach* hypothétique. Des questions vous sont proposées dans un ordre choisi et les fiches vous invitent à porter méthodiquement les réponses que vous avez envie de faire. Ces outils guident votre démarche et l'organisent pour que vous puissiez travailler seul et tranquillement. C'est bien ce que vous avez fait jusqu'à maintenant et c'est ce que nous allons continuer à faire...

Donc, même si le travail pas à pas et les fiches **Jalon** peuvent vous sembler parfois un peu pinailleurs, scolaires ou rébarbatifs, rappelez-vous qu'ils ne sont là que pour vous aider, pour soutenir vos réflexions et encadrer une démarche qui vous guidera vers la réussite... comme le ferait un *coach* personnel !

◆ Alors, après ces quelques rappels préalables, abordons tout de suite le cœur de cette troisième étape !

Vous avez donc identifié un ou plusieurs plaisirs ou avantages cachés qui étaient assez importants à vos yeux pour que vous décidiez de les retrouver après avoir quitté votre dernier poste. Peut-être, en avez-vous retenu plusieurs. Peut-être, aussi en avez-vous réuni plusieurs que vous estimez pouvoir traiter en même temps de façon groupée[60]. Quoi qu'il en soit, individuels ou regroupés, vous allez les traiter en déroulant cette démarche de façon récurrente.

Pour réussir la transformation...

Si vous ne savez pas très bien ce que vous cherchez, vous risquez d'avoir un peu de mal à la trouver ! Non, il ne s'agit pas de la sentence mystérieuse d'un moine bouddhiste ! Il s'agit juste d'un peu de bon sens. Alors, suivons-en simplement l'invitation et mettons-nous au travail. Rappelons-nous notre objectif : retrouver quelque chose dont va nous priver la fin de notre activité professionnelle.

Ce « quelque-chose » à retrouver, à recréer, à redécouvrir, il est important de bien le cerner, de bien en connaître la composition, la nature, pour ne pas dire l'essence profonde. Nous allons donc faire un « gros plan » sur ce plaisir, une sorte de zoom photographique associé à une analyse, afin d'en connaître ou d'en reconnaître tous les aspects. Pour examiner sous toutes les coutures ce plaisir que nous voulons retrouver après transformation, nous allons utiliser la fiche Jalon 7 qui nous servira en même temps de microscope et de support au rapport d'analyse !

Comme nous l'avons déjà fait, nous illustrerons nos explications en poursuivant le développement de notre exemple. Fidèles au principe selon lequel le résultat d'une étape est le point de départ de la suivante, nous allons tout naturellement repartir d'une de nos dernières fiches Jalon 4. Et nous partirons de celle qui a traité le plus important des plaisirs professionnels que vous avez choisi de retrouver en le transformant. Et c'est justement cette transformation qui va nous occuper maintenant.

◆ Vous avez donc sous les yeux une fiche Jalon 7 vierge et la fiche Jalon 4 qui a traité de votre intérêt pour les « nouvelles techniques ».

Tout naturellement, vous allez reporter en haut de la fiche Jalon 7 le thème sur lequel vous allez travailler. Ce sera donc (Figure 4-1) :

Découvrir et maîtriser de nouvelles techniques.

Nous allons maintenant creuser ce qu'il y a derrière cette formule un peu abstraite et conceptuelle. Pour y parvenir, nous allons revenir à la « vraie vie » et retrouver les situations vécues à un ou plusieurs moments de votre carrière, moments au cours desquels vous avez réellement éprouvé ce type de plaisir.

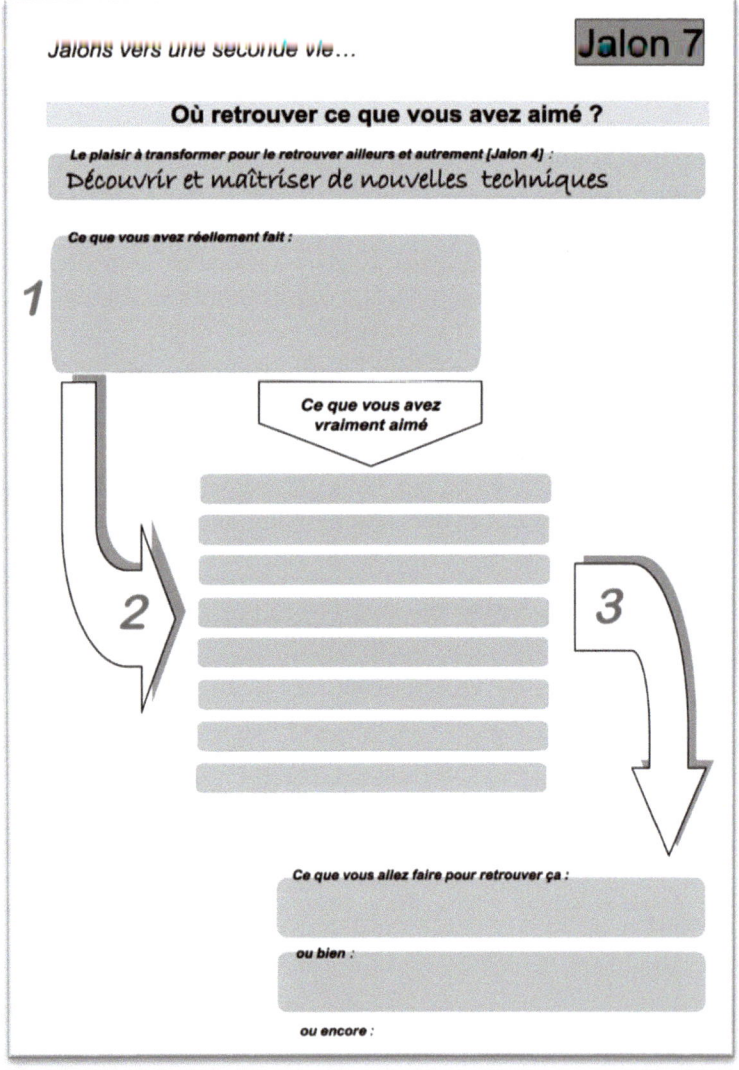

Figure 4-1

Les plaisirs suggérés par la formulation du thème ont trait à :

- la découverte de techniques nouvelles, donc de domaines que vous ne maîtrisiez pas et ne pratiquiez pas auparavant ;
- la maîtrise de ces techniques, ce mot signifiant que vous ne vous êtes pas contenté de les effleurer et de vous arrêter en lisière, mais que vous en avez approfondi le contenu et la pratique ;
- les techniques en tant que telles : il s'agit bien de sujets précis, définis, à contenu documenté qui n'auraient rien à voir, par exemple, avec des sujets abstraits, vagues et diffus comme pourraient l'être le management ou la vente…

Nous allons donc choisir une situation concrète et exemplaire de ce que nous voulons étudier. Cette situation devra nécessairement être choisie parmi des expériences personnelles, donc des moments de votre « vraie vie » qui, comme l'expression l'indique, ont réellement existé.

◆ Comme support de notre analyse à venir, nous vous proposons de nous pencher sur la situation suivante :

Le choix et la mise en place d'un système de messagerie interne et de partage de documents pour tous les collaborateurs de l'entreprise.

Une fois de plus, il s'agit ici d'un exemple destiné à illustrer la démarche et l'utilisation des documents. Même si la situation que nous vous proposons ne signifie pas grand-chose pour vous, nous allons considérer que, vous et moi, nous avons vécu cette aventure technologique avec bonheur, à un moment de notre carrière. Pour vous rassurer, en ce qui nous concerne, c'est bien le cas ! Les développements qui suivent seront donc parfaitement vraisemblables, même s'ils ne vous concernent pas de très près. Mais vous l'aurez bien compris, leur unique objet est de vous aider à bien comprendre comment fonctionne la mécanique de la « transformation ».

◆ Vous allez donc commencer par reporter sur le document Jalon 7 le libellé de la situation sur laquelle nous allons travailler. C'est ce que vous pouvez voir sur la figure 4-2 :

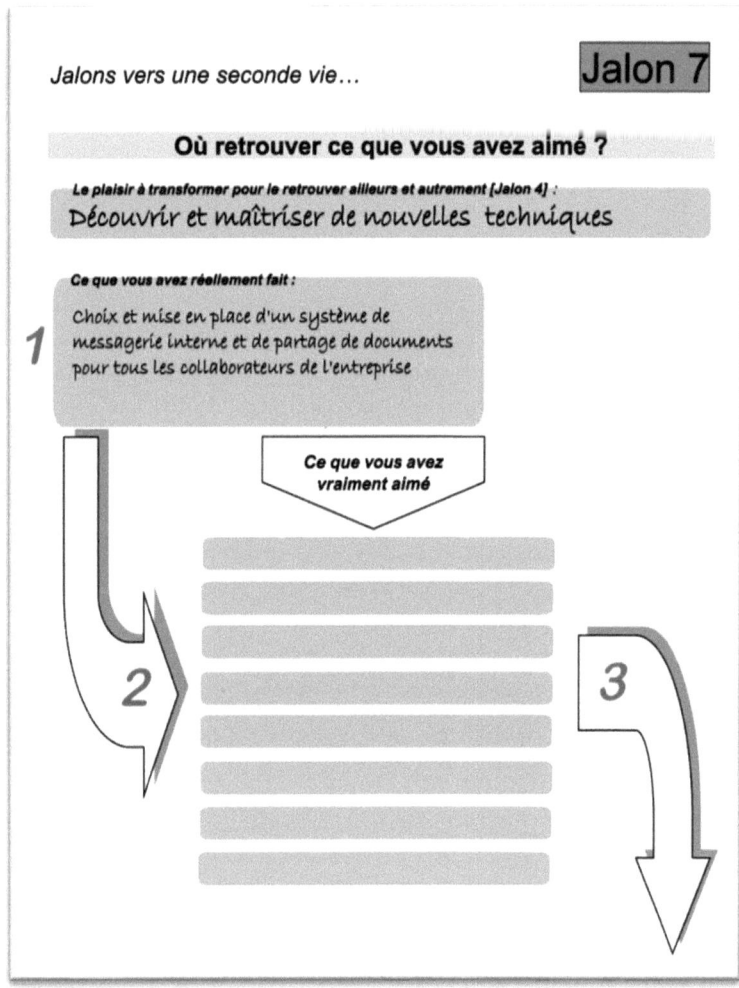

Figure 4-2

Vous vous en doutez, à ce moment du travail (marqué 1), l'important est d'identifier et de formuler un cas précis, une situation concrète, un moment réellement vécu qui illustrent bien le plaisir sur lequel vous allez travailler. Comme le précise le libellé de la zone où vous venez d'écrire, c'est en effet « ce que vous avez réellement fait ». Si vous inventez une situation fictive et imaginaire, vous passerez totalement à côté de ce moment essentiel ! C'est pourquoi la description de cette « source de plaisir » doit être la plus exacte possible. Elle doit rendre compte des situations, des actions et des objets que vous avez réellement aimés et non pas rêvés ou imaginés.

Par ailleurs si, au cours de votre carrière, le même type de travail plaisant vous a été confié à plusieurs reprises, choisissez comme objet d'analyse celui qui vous semble le plus complet et le plus riche d'expériences.

◆ Ainsi, dans notre exemple, nous avons pris soin de préciser que la mission rapportée ici avait consisté à :

- *choisir,*
- *mettre en place*

un système informatique en réseau dans l'entreprise. Celui-ci était destiné à tous les collaborateurs, pour qu'ils puissent communiquer entre eux (messagerie classique), mais aussi partager des documents (partage et synchronisation de fichiers ou EFSS)[61].

◆ Comme vous pouvez le voir sur notre fiche, la description doit être assez approfondie pour éviter les ambiguïtés, sans toutefois être envahie par un trop-plein de détails. Bien sûr, elle ne devra pas venir empiéter sur le moment marqué 2 qui va nous conduire à une analyse gourmande de cet épisode de notre vie. En effet, ça va être maintenant le moment de détailler ce que, dans cette expérience professionnelle complète, vous avez apprécié et, comme le suggère le libellé du document, « vous avez vraiment aimé » (Figure 4-3).

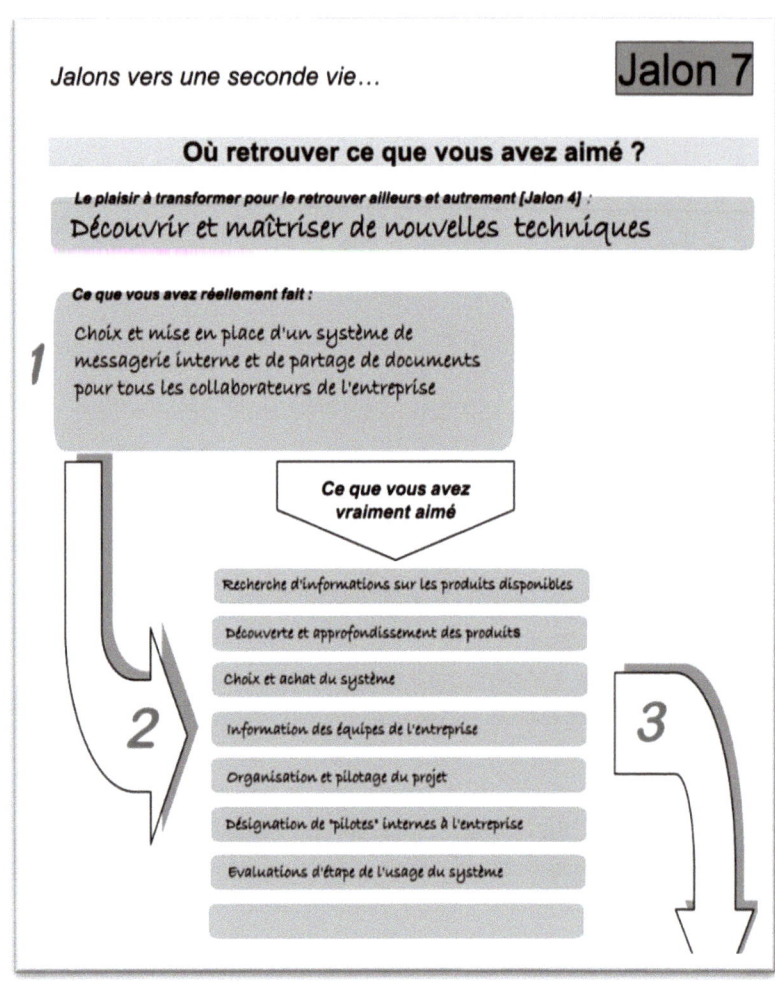

Figure 4-3

◆ L'objet de ce travail n'est pas de faire une description complète du déroulement d'un projet. Il ne s'agit pas plus d'évoquer les points qui auraient pu vous paraître moins agréables. En revanche, il importe de lister précisément tout ce que vous avez aimé dans l'ensemble de cette opération, bref, de recomposer la liste des plaisirs que vous avez éprouvés dans ce moment de votre vie professionnelle. En ce qui concerne notre exemple, la figure 4-3 détaille ce que nous avons aimé.

Peu importe l'ordre selon lequel les différents plaisirs vous viennent à l'esprit. La seule exigence de ce travail est de ne rien oublier d'essentiel. Mais vous constaterez sans doute avec nous que les bons souvenirs affleurent facilement à l'esprit. Laissez-vous donc vagabonder dans votre mémoire professionnelle et n'oubliez pas de noter au passage tous ces bons souvenirs, tous les moments, toutes les situations et toutes les actions qui vous ont fait jubiler pendant cet épisode de votre carrière.

◆ Revenons un instant à la fiche **Jalon 7** que vous avez sous les yeux pour faire quelques remarques sur la liste de « ce que vous avez vraiment aimé ». Ces plaisirs attachés à la même situation professionnelle sont de nature très différente :

- Recherche d'informations techniques et commerciales dans le « marché » des systèmes informatiques de communication d'entreprise, exploration multicritère des offres disponibles, comparaison avec les attentes formalisées dans un cahier des charges ;
- Approfondissement technique des produits disponibles ;
- Décision d'achat (technique, budgétaire) ;
- Information des collaborateurs, c'est-à-dire communication interne à la fois technique, pédagogique et politique ;
- Gestion du projet depuis sa structuration initiale jusqu'au résultat final en respectant des critères qualitatifs et un calendrier ;
- Sélection d'un groupe de collaborateurs, les « pilotes » qui seront à la fois les promoteurs et les supports du projet pendant la phase de déploiement du système puis deviendront des référents techniques pendant son utilisation en vitesse de croisière ;
- Évaluations des étapes, moments prévus pour mesurer si les résultats qualitatifs et quantitatifs sont au niveau des attentes formalisées.

Vous noterez que plusieurs de ces éléments sont très proches de plusieurs plaisirs que vous avez identifiés sur la fiche Jalon 3[62].

Ainsi :

- *Choix et achat du système* est cousin de *Faire des choix et prendre des décisions* dont la fiche Jalon 4[63] précise que l'on veut le transformer pour le retrouver.

- *Organisation et pilotage du projet* recouvre certainement le même plaisir que *Mettre en place des projets et les mener à bien* qu'on a décidé, sur sa fiche Jalon 4[64], de transformer pour le retrouver.

- Enfin, *Désignation des « pilotes » internes à l'entreprise* apportera sans doute quelques-uns des plaisirs qui sont le propre du recrutement et que la fiche Jalon 4[65] a prévu de transformer pour les retrouver autrement…

On voit donc ici que la situation choisie et analysée, à savoir le choix et la mise en œuvre d'un système informatique de communication interne à l'entreprise, est remplie de différents plaisirs que l'étape précédente avait décidé de transformer pour les retrouver autrement.

Elle est donc exemplaire et sera assez riche pour nous permettre d'entrevoir assez facilement un « ailleurs et autrement » où il sera possible de les retrouver. Peut-être pas de les retrouver tous, mais au moins les plus importants.

Ailleurs et autrement, c'est où, c'est comment et c'est quoi ?

Rappelez-vous d'où nous sommes partis au début de cette troisième étape de notre démarche : nous avons fait un petit détour romanesque par la Sicile du romancier Lampedusa pour nous entendre dire, par le Guépard, « il faut que tout change pour que rien ne change… »

Nous savons, pour avoir travaillé dessus depuis la 1re étape, ce que nous avons choisi de ne pas voir changer, ce que nous voulons conserver. Maintenant, c'est à la première partie de la phrase que nous allons nous intéresser : « Il faut que tout change… ».

Car elle est bien là notre question stratégique : Qu'allons-nous changer pour retrouver ce que nous aimons et que nous voulons conserver dans cette « seconde vie » qui s'approche ? On peut traduire cette question de façon plus pragmatique : Où et comment pouvons-nous retrouver les plaisirs que nous ne voulons pas perdre en même temps que nous perdons notre statut d'actif en entreprise ?

Ce « où » et ce « comment », c'est ce que nous cherchons : un autre contexte, une autre situation, tous deux nouveaux et qui se substitueront au contexte professionnel pour nous apporter les mêmes plaisirs, ou à peu de choses près…

Cette étape va moins faire appel à vos capacités d'analyse qu'à votre imagination et votre créativité. Vous y ajouterez le stimulant d'une bonne dose d'envie jusqu'à présent insatisfaite. Pour avancer, toujours avec méthode et rigueur, nous allons reprendre la fiche Jalon7 telle que vous l'avez laissée (Figure 4-4).

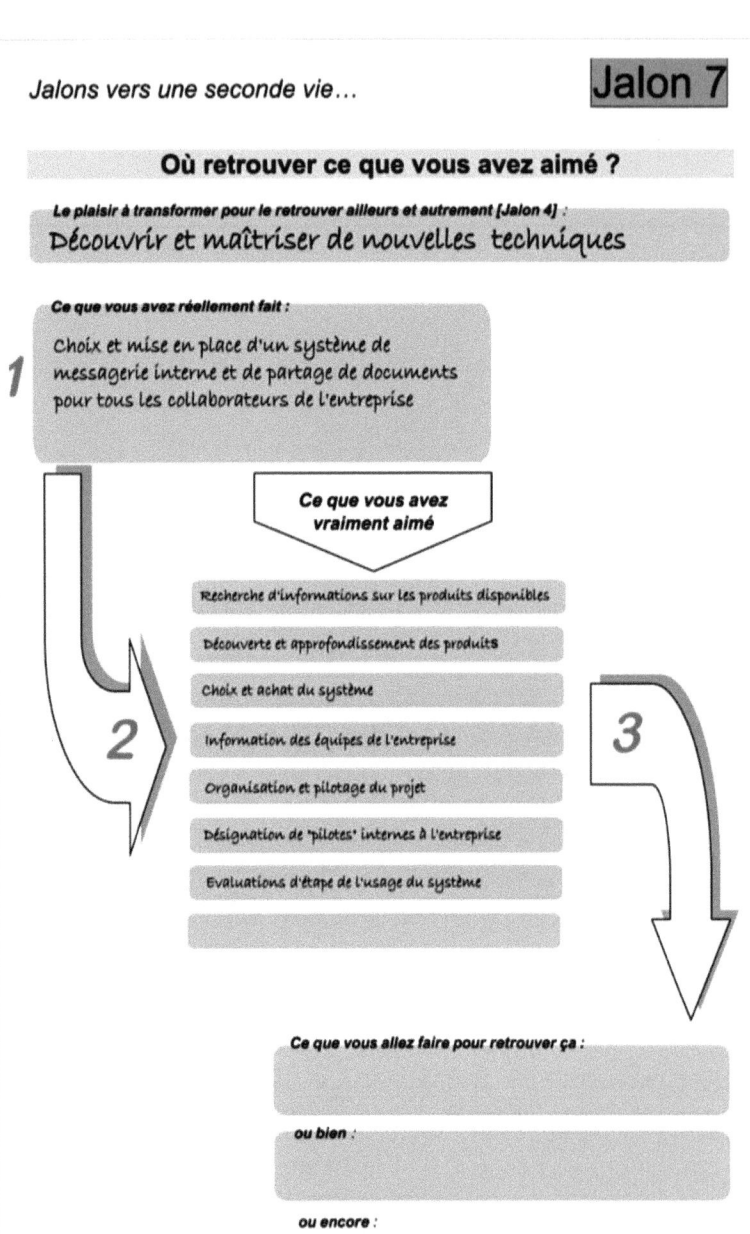

Figure 4-4

◆ Intéressons-nous maintenant au troisième temps (marque 3) de cette fiche **Jalon 7** ! Il s'agit de trouver, de découvrir ou d'imaginer des domaines, des contextes pouvant nous apporter tout, ou du moins l'essentiel, de ce que nous avons « vraiment aimé » et qui est noté sur cette même fiche. La seule règle est que les éléments « que vous avez vraiment aimés » (marque 2) deviennent les critères de choix du domaine de substitution que vous allez identifier. Ici, il n'y a pas de technique ou de méthode précises, juste une totale ouverture d'esprit à toutes les envies, à tous les désirs, y compris ceux, un peu nostalgiques peut-être, qui n'ont pas pu être encore satisfaits, faute de temps ou faute d'opportunités. Les seules limites éventuelles sont celles que vous vous imposerez vous-même. Alors, prenez vos aises et donnez-vous le temps nécessaire à la créativité.

Ne vous laissez pas bloquer par un sentiment de difficulté ou d'incongruité devant une envie originale qui se ferait jour... À ce stade, autorisez-vous tout, sans scrupules ni autocensure, le travail à venir en « mode projet »[66] viendra toujours vous rappeler les limites et vous ramener aux réalités de la vraie vie quand il en sera temps.

Soyez donc gourmand, exigeant, libre et ambitieux. Gardez présente à l'esprit la superbe formule de Mark Twain[67] : « Ils ne savaient pas que c'était impossible, alors ils l'ont fait ».

◆ Quand un domaine nouveau susceptible de vous intéresser et de vous plaire vous vient à l'esprit, ne vous arrêtez pas en route : notez-le et continuez votre exploration des possibles. Ne laissez rien passer. Ouvrez vos yeux, vos oreilles et votre esprit ! Surtout, n'écoutez pas les voix aigres du doute et du dénigrement. Laissez de côté les doutes, les critiques, les ricanements et même les bons conseils des autres[68]... C'est bien votre vie qu'il s'agit de préparer. Vous êtes en train de concocter les plaisirs dont vous accompagnerez les prochaines années de votre nouvelle vie.

◆ Pour le moment, il s'agit d'identifier un nouveau domaine, un contexte inédit dans lesquels ensuite (et seulement ensuite) vous préciserez des objectifs et des projets. Vous devez donc être suffisamment général et ouvert dans vos choix pour ne pas vous limiter maintenant. Mais vous devez être en même temps assez explicite pour parvenir à élaborer un projet concret. C'est bien une question d'équilibre !

◆ Regardons de plus près quelques formulations qui sont trop ouvertes :

- Si, par exemple, vous choisissez de **Faire du sport,** votre formulation est trop générale pour être vraiment utile à ce stade. En effet, entre la plongée sous-marine, l'équitation, l'alpinisme, le marathon, le saut à la perche, qui sont autant de sports, l'éventail des possibilités est trop ouvert pour se prêter à une approche concrète et supporter un projet.

- De même, si vous envisagez de **Pratiquer des activités artistiques** entre le dessin, la sculpture, le violoncelle, le théâtre ou la poésie, l'étendue des choix est bien trop vaste et vous allez rencontrer le même type de difficultés.

En revanche, les deux formulations suivantes sont trop fermées :

- Si vous avez fait le choix de **Monter au sommet du Mont-Blanc,** vous avez retenu quelque chose de trop ponctuel et trop fermé pour « occuper » votre nouvelle vie. En revanche, ce pourrait être un élément, voire le moment cible, d'un contexte plus ouvert comme « pratiquer des sports de montagne ».

- Dans le même registre, si vous avez choisi de **Programmer en langage Python**[69]**,** ici encore la formulation vous limite à un aspect, important, mais très partiel, d'une approche de l'Intelligence artificielle (IA) et des systèmes de *machine learning*...

Même s'ils restent un peu caricaturaux, ces exemples vous montrent l'importance de bien calibrer la formulation du contexte et du domaine nouveaux auxquels vous allez confier une part importante des plaisirs de vos prochaines années. À vous de tâtonner, d'essayer et de recommencer jusqu'à ce que vous ayez atteint le bon équilibre entre le niveau de généralité et le niveau de précision. À défaut d'être une preuve irréfutable de succès, le fait de « se voir », de s'imaginer en situation, en train d'agir à l'intérieur du contexte sur lequel on travaille, indique généralement que l'on a atteint la bonne formulation.

- Ainsi, l'expression suivante, *Je vais pratiquer les Beaux-Arts,* n'est sans doute pas très créatrice d'images mentales précises et solides.

- En revanche, celle-ci, *Je vais maîtriser la pratique de l'aquarelle,* doit pouvoir y parvenir parce qu'elle est convenablement calibrée, même si la notion de « maîtrise » peut sembler un peu floue dans le domaine artistique. Mais nous reviendrons plus loin sur ce sujet !

◆ Quitte à vous y reprendre à plusieurs fois, il est intéressant de découvrir ou d'inventer plusieurs contextes et domaines susceptibles de vous intéresser profondément. Quand vous penserez avoir épuisé les ressources de votre créativité et atteint votre potentiel maximum d'invention et d'envie, il sera temps de vous arrêter et de faire le tri. Ce qui vous tient le plus à cœur, ce qui vous tente le plus s'imposera facilement à vous. En même temps, une foule d'images mentales associées naîtront dans votre esprit.

◆ Vous devrez alors faire des choix et, si c'est le cas, ne vous montrez pas trop gourmand ! En effet, chacun des domaines et contextes retenus devra faire ensuite l'objet d'un développement particulier, d'une construction et d'un projet.

◆ Alors, limitez-vous au choix d'un ou de deux domaines, ce sera largement suffisant ! Quitte à vous y remettre plus tard, au cours d'une nouvelle opération… Et si vous retenez d'emblée deux domaines à explorer, choisissez-les très différents l'un de l'autre, de façon à élargir le plus possible la gamme des plaisirs de votre prochaine vie.

Nous allons maintenant regarder de façon concrète comment se passe le choix des domaines ou des contextes nouveaux qui vous permettront de retrouver l'un des plaisirs que vous tenez à conserver en le transformant. Nous avons fait des choix pour remplir le bas de notre fiche Jalon 7 (Figure 4-5).

◆ Vous pouvez remarquer que notre *brainstorming* personnel a été productif. Nous avons identifié quatre domaines possibles : deux domaines principaux et deux autres moins importants. Notez bien que ce n'est pas le domaine lui-même qui est de plus ou moins grande importance. Le seul critère de discrimination et de classement, c'est l'idée que je m'en fais, le regard que je porte dessus et la valeur que je lui attribue. Et derrière ce critère strictement personnel se cache la seule justification de mon choix : c'est l'envie que j'ai d'aborder ce domaine nouveau, c'est-à-dire le plaisir que j'imagine ressentir à le pratiquer bientôt.

◆ Reste à vérifier que les domaines « de substitution » que nous avons retenus répondent bien aux points que nous avons « vraiment aimés » (marque 2) puisqu'ils sont supposés avoir été nos critères de choix… Sans doute, les quatre ne pourront-ils pas « cocher » la totalité des critères.

Par exemple, les quatre domaines choisis n'ont aucun point commun avec deux des critères :

- *Information des équipes de l'entreprise ;*
- *Désignation de « pilotes » internes à l'entreprise.*

Jalons vers une seconde vie...   **Jalon 7**

Où retrouver ce que vous avez aimé ?

Le plaisir à transformer pour le retrouver ailleurs et autrement [Jalon 4] :
Découvrir et maîtriser de nouvelles techniques

Ce que vous avez réellement fait :

1 — Choix et mise en place d'un système de messagerie interne et de partage de documents pour tous les collaborateurs de l'entreprise

Ce que vous avez vraiment aimé

2 —
- Recherche d'informations sur les produits disponibles
- Découverte et approfondissement des produits
- Choix et achat du système
- Information des équipes de l'entreprise
- Organisation et pilotage du projet
- Désignation de "pilotes" internes à l'entreprise
- Évaluations d'étape de l'usage du système

3

Ce que vous allez faire pour retrouver ça :
Pilotage d'avion

ou bien :
Pratique de la musique

ou encore :
- Pratique de l'astronomie
- Pratique de la cuisine, etc.

Figure 4-5

En revanche, les quatre répondent bien aux cinq autres critères, après que leur sens a été ajusté aux nouveaux contextes. En voici quelques exemples :

- Recherche d'information sur les produits disponibles.

    On peut évoquer ici la recherche d'une école de pilotage ou d'un simulateur de vol, la recherche d'une école de musique ainsi que le choix d'un instrument et d'un professeur...

- Découverte et approfondissement des produits.

    Il peut s'agir ici de l'apprentissage proprement dit dont la nature, la complexité et la durée seront très différentes pour le pilotage, la pratique d'un instrument, les observations astronomiques et la cuisine d'un futur chef !

- Choix et achat du système.

    Dans les quatre domaines, il y aura des achats à faire et des budgets à gérer : coût de la formation et des heures de vol pour le pilotage, coût de l'instrument choisi et des heures de cours de musique, achat des appareils d'observation et adhésion à un club d'astronomie, matériel de cuisine et produits pour le futur chef...

- Organisation et pilotage du projet
- Évaluations d'étape de l'usage du système

Si la volonté de les pratiquer est assumée avec rigueur et détermination, les quatre domaines seront analysés sur le mode projet et organisés comme tels. De plus, dans **chacun** d'eux, les résultats de la progression pourront être mesurés de façon précise : brevets officiels de pilotage, épreuve du concert et hiérarchie des classes de musique, performance dans les observations astronomiques, dégustations officielles, compétitions, récompenses et diplômes reconnus pour les nouveaux chefs...

◆ Puisque nous avons dû, nous aussi, choisir entre quatre domaines gourmands, nous avons décidé de retenir le second de la liste.
C'est lui que nous développerons maintenant à titre d'exemple pour la suite de notre travail :

Pratique de la musique

Un contexte et un domaine, c'est utile ! Mais il faut se donner un but...

Vous vous doutez bien que nous n'avons encore fait qu'une petite partie du chemin ! Bien sûr, cette étape est importante puisqu'elle nous fait basculer du passé vers le futur, du passé d'une vie professionnelle qui se termine au futur de la nouvelle vie qui approche et que nous sommes en train de préparer. Vous avez donc décidé vers quel domaine vous diriger et quel nouveau contexte explorer. Mais un contexte et un domaine, aussi séduisants soient-ils, ne font pas un objectif à atteindre, ni même un but à viser. Vous avez choisi une direction, il faut maintenant définir précisément, dans ce nouveau cadre, le but que vous allez vous donner les moyens d'atteindre.

◆ La première chose à faire maintenant est donc de définir ce but le plus concrètement possible. Avant de l'avoir fait, toute dépense d'énergie risque d'être inutile et gâchée. Rappelez-vous la phrase célèbre du grand Sénèque[70] : « Il n'est pas de vents favorables pour celui qui ne sait où il va ! » Cet adage, mille fois cité à tort et à travers, n'est pas qu'une banalité. Il souligne opportunément un risque et une nécessité stratégique.

Le risque, redisons-le une nouvelle fois, c'est de se mettre à imaginer une seconde vie, à fantasmer sur des satisfactions possibles et d'en rester là, aux limites de ce qu'un rêve peut apporter, un plaisir réel, mais éphémère et sans consistance. Ce serait votre « opium du futur », plaisir artificiel empêchant le passage à l'acte et la plongée dans le réel. Ce serait le dangereux plaisir du mirage auquel on se cantonne avant de s'y endormir. Ce serait le registre des faux projets, ceux dont on parle au conditionnel, « ce qu'on aimerait bien faire », mais qu'on ne fera jamais, faute de choisir, de s'organiser et de se relever les manches…

Les vraies envies, les vrais projets se conjuguent uniquement au présent et au futur proche ! Méfiez-vous de ces zones de somnolence tiède dans lesquelles le temps passera doucement à ne rien faire. « J'aimerais faire de la musique… » ne sert à rien. On se trompe soi-même tant qu'on n'a pas inscrit dans l'agenda de la semaine prochaine un premier rendez-vous à l'École de musique, une première visite chez Paul Beuscher[71] ou une première virée rue de Rome[72] !

◆ La nécessité soulignée par Sénèque est l'antidote naturel de ce risque : il faut très vite se fixer un but précis et réfléchi. Le fait de déterminer un objectif, une « situation cible », dit-on parfois, oblige d'abord à préciser ses propres envies (ce qui ne va pas de soi…), avant de mobiliser une énergie (les « vents favorables » de Sénèque) pour réussir son voyage. Et c'est seulement quand vous aurez déterminé avec clarté et précision ce que vous voulez vraiment, que vous pourrez vous lancer, avec de bonnes chances d'atteindre votre but. On ne peut réussir sans objectif, sans but à atteindre, sans performance à réaliser. Tout autre comportement vous maintiendrait dans les errances agréables, mais peu utiles du rêve. Sans but, il n'y a que de fausses routes, des chemins qui ne mènent nulle part et du temps gâché. Comme l'aurait sans doute soutenu le grand Monsieur Prudhomme : « Si vous ne savez pas où vous allez, vous risquez fort de vous retrouver ailleurs ! »

Du contexte choisi à la situation désirée

C'est bien ce que nous allons faire pour terminer la quatrième étape de notre démarche : travailler sur la meilleure façon de nous y prendre pour définir le but vers lequel nous diriger, avec la ferme volonté et le maximum de chances de l'atteindre. Et pourquoi manifester autant d'enthousiasme ? Parce que c'est là que nous allons retrouver, sous une forme associée à leur nouveau contexte, les plaisirs et les avantages cachés que nous tenons à conserver au-delà du moment où nous allons quitter notre statut d'actif.

◆ Où en sommes-nous maintenant dans notre progression ? Nous venons d'identifier et de sélectionner plusieurs contextes et domaines susceptibles de nous offrir une bonne part de ces plaisirs. Selon la fiche Jalon 7 que nous avons quittée, il y en avait quatre :
- *Le pilotage d'avion*
- *La pratique de la musique*
- *La pratique de l'astronomie*
- *La pratique de la cuisine*

Pour la suite de ce travail et de nos explications, nous travaillerons essentiellement sur la musique. Mais vous nous pardonnerez bien de faire peut-être quelques incursions pédagogiques dans les trois autres !

Notre travail va désormais consister à préciser le plus finement possible le but à atteindre en partant du contexte ou domaine (très général) que nous avons retenu et en lui donnant un contenu qui soit concret et quasiment « visible ». Pour le dire autrement, nous allons partir d'un concept, donc d'une idée abstraite, pour aboutir à une situation qu'il sera possible de décrire concrètement.

◆ Cette étape de concrétisation va se faire en quatre temps, comme le suggère la fiche Jalon 8 (Figure 4-6) sur laquelle nous allons travailler. Vous remarquerez qu'elle propose, outre le rappel, en haut du document, du contexte ou du domaine choisi pour travailler, une suite de quatre rubriques qui vont, chacune à son tour, vous suggérer d'affiner la situation cible à laquelle vous consacrerez ensuite votre projet.

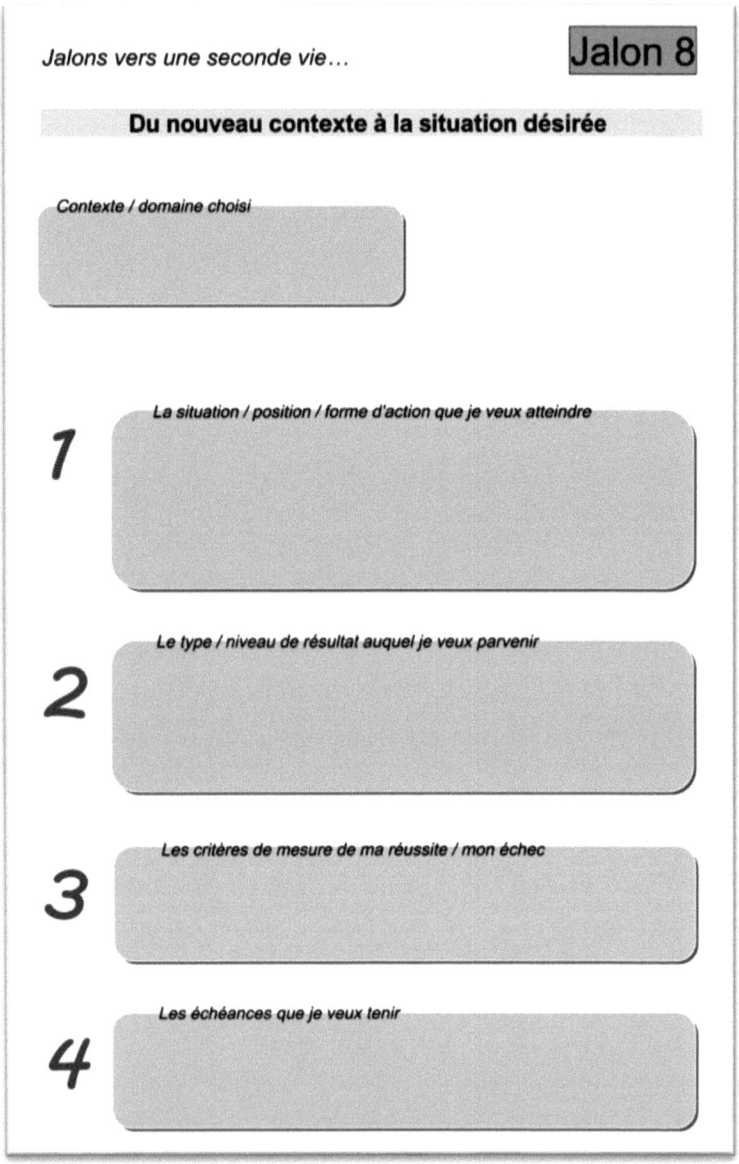

Figure 4-6

Nous allons donc nous intéresser successivement aux quatre points suivants :

1. D'abord, à la situation que nous voulons atteindre, c'est-à-dire une description qualitative concrète des résultats que nous visons ;

2. Ensuite, à l'évaluation du niveau que nous voulons atteindre, ceci nous apportant une vue quantitative des résultats ;

3. Puis, aux critères qui nous permettront de mesurer si oui ou non, nous avons atteint notre but ;

4. Enfin, aux échéances dans lesquelles nous nous organiserons pour réussir.

Pour illustrer l'importance de ce travail de clarification, partons du domaine retenu : « pratique de la musique ». Si maintenant vous demandez à cinq personnes ce que recouvre cette expression pour chacune d'entre elles, il est possible que vous obteniez cinq réponses différentes. Par exemple :

- la première personne vous dira, par exemple : pour moi, c'est de jouer du piano à domicile ;
- la seconde : diriger un orchestre ;
- la troisième : assister régulièrement à des concerts ;
- la quatrième : collectionner des vinyles prestigieux ;
- la dernière enfin : jouer du saxophone dans un jazz-band…

◆ En ce qui vous concerne, plusieurs idées, aussi pertinentes et intéressantes les unes que les autres, vous viendront sans doute à l'esprit. Cela indique clairement que la première chose à faire, c'est de choisir et de décrire une situation cible à laquelle vous vous tiendrez. C'est une opération parfois difficile, sinon douloureuse, parce que choisir, c'est éliminer ! Et vous ne devrez laisser aucune place aux remords (« J'aimerais bien aussi… ») ni aux regrets (« J'aurais pu quand même… »).

Ce type d'élagage est indispensable, quel que soit le domaine ou le contexte sur lequel vous vous pencherez. Par exemple, si vous aviez retenu le « pilotage d'avion », la situation cible aurait pu être de maîtriser l'utilisation de *Flight Simulator 20*[73] aussi bien que préparer un des brevets officiels de pilote privé. S'agissant de la cuisine, vous pourriez vous en tenir à préparer des repas de famille sophistiqués, faire un stage dans la brigade d'un restaurant ami ou réussir un CAP de pâtissier…

◆ Revenons à notre fiche Jalon 8. Nous allons suivre dans l'ordre les quatre rubriques qui la composent. Dans la rubrique 1, il s'agit de cerner ce que nous voulons réussir dans le cadre du domaine et du contexte que nous avons choisis. Pour cela, il est pratique de formuler vos choix en utilisant des verbes d'action, qui décrivent ce que vous ferez (ou serez) quand le projet aura abouti.

Une bonne façon de faire consiste à vous imaginer dans la situation cible et de décrire l'image que vous voyez de vous-même à ce moment-là… Il s'agit d'une description factuelle, de nature purement qualitative. En ce qui concerne l'exemple que nous avons choisi de dérouler, nous nous « voyons très bien » jouant du saxophone dans un jazz-band.

Entre nous, vous avez bien compris qu'il s'agit là d'un exemple arbitraire dont la seule vertu est d'illustrer la démarche et l'utilisation des outils ! Alors, vous pouvez voir sur la figure 4-7 comment se remplit notre fiche Jalon 8.

Si nous avons fait ce choix, c'est que nous sommes persuadés qu'en jouant du saxophone, à un bon niveau de performance et dans un jazz-band, nous pourrons retrouver les différents plaisirs et avantages cachés qui ont servi de point de départ à ce travail. Vous noterez aussi que nous nous limitons ici à décrire la situation cible, sans parler, pour le moment, de tout ce qu'il faudra faire et mettre en œuvre pour l'atteindre.

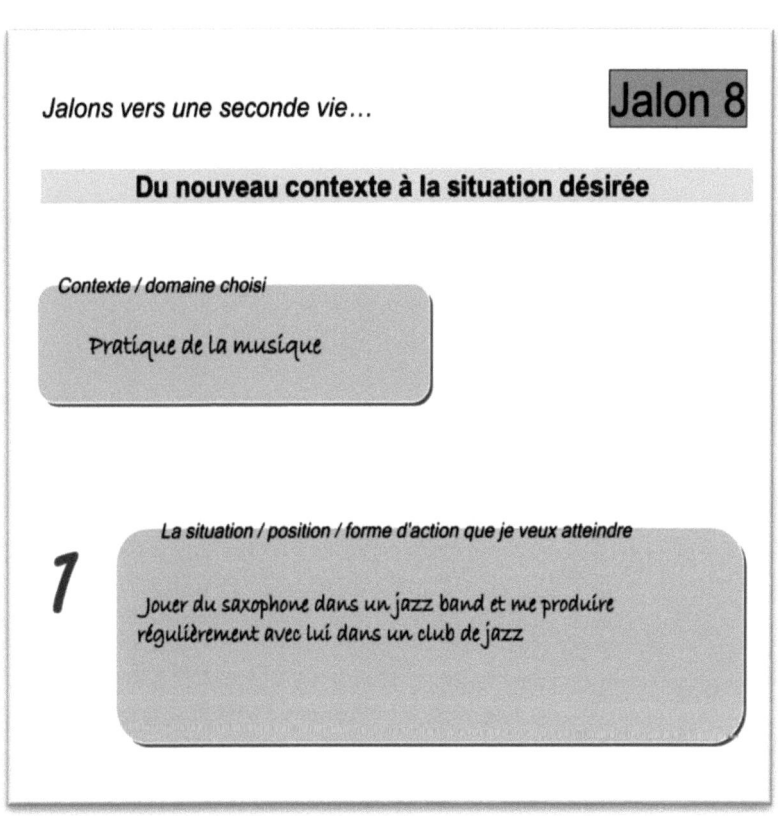

Figure 4-7

◆ La seconde rubrique va nous inviter à préciser ce que nous voulons par des remarques plus quantitatives. Nous allons parler ici en termes de résultats attendus et/ou de niveaux à atteindre. Vous remarquerez dans la rubrique 2 de notre fiche Jalon 8 (Figure 4-8) que le niveau évoqué, quantitatif par nature, peut être précisé par des faits et pas uniquement par des chiffres et des mesures. Ce type de mesure non quantifiée répond à la problématique « être capable de… » :

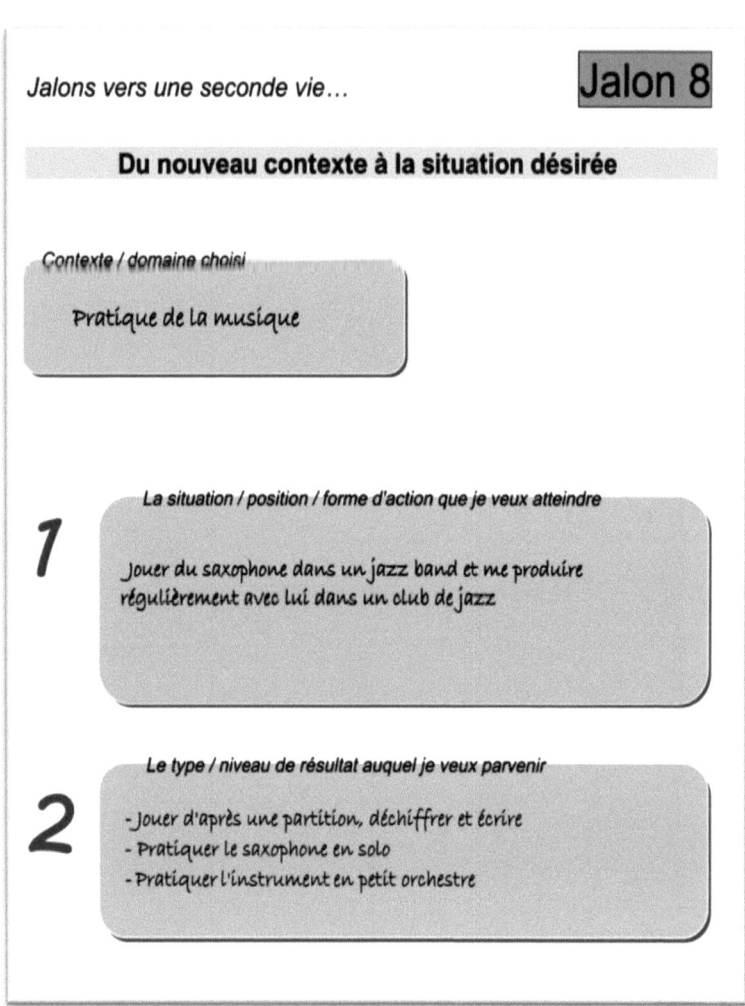

Figure 4-8

◆ La troisième rubrique nous invite à nous donner à nous-mêmes des « indicateurs de succès ». Ceux-ci répondront à la question, pertinente, mais souvent oubliée : « À quoi pourra-t-on, ou pourrai-je mesurer que j'ai réussi et que j'ai bien atteint mon but ? » (Figure 4-9).

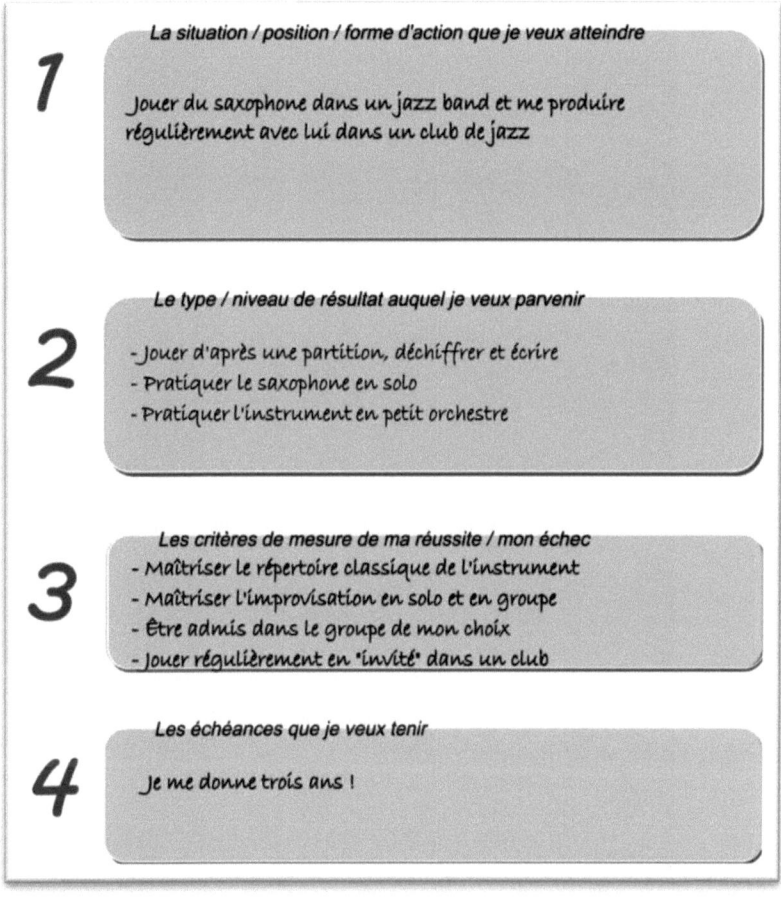

Figure 4-9

Là encore, il n'est pas toujours possible de chiffrer des résultats attendus. On pourra alors les remplacer utilement par l'énoncé de « faits significatifs », indicateurs non quantifiables de ma réussite. Par exemple, le niveau d'une pratique instrumentale est difficilement chiffrable. En revanche, de fréquentes invitations à jouer devant des publics de connaisseurs seront un bon indicateur du niveau atteint.

La dernière rubrique précisera l'échéance à laquelle on souhaite avoir atteint le niveau requis pour la situation cible. En dépendront directement le rythme et la densité du travail à fournir ensuite pour y parvenir dans les délais…

Voilà ! Avec la fiche **Jalon 8** se termine le travail de la quatrième étape. Vous savez de quelle façon retrouver les plaisirs et les avantages cachés dont vous serez privé par la fin de votre activité professionnelle. En formalisant précisément la situation cible qui vous les apportera, vous avez choisi un but à atteindre dans la première partie de votre retraite. Vous savez donc « où aller » pour retrouver ces plaisirs. Vous savez donc aussi ce qui était le cœur de notre réflexion, tout ce qu'il faut changer « pour que rien ne change… » Bien sûr, vous n'y êtes pas encore : il y a une route à tracer, de nombreuses actions à organiser, une quantité de travail à faire, bref, un projet à construire, à organiser et à mener à bien. Ce sera la cinquième et dernière étape de notre démarche.

---

[50] *Nouveau Testament*, saint Paul, *Épître aux Éphésiens* 4,22.
[51] Paroles du premier couplet de *l'Internationale*, poème écrit par Eugène Pottier (1816-1887) en 1871 pendant la répression qui a suivi la Commune de Paris. La musique a été ajoutée par un ouvrier lillois musicien, Pierre Degeyter, en 1888. *L'Internationale* a été choisie par Joseph Staline comme hymne national de l'URSS.
[52] *Le Guépard* est le seul roman écrit par un aristocrate italien, Giuseppe Tomasi di Lampedusa (1896-1957). Le texte a été publié de façon posthume, quelques mois après la mort de son auteur. Bien qu'il ait connu le succès dès sa parution, c'est le film réalisé en 1963 par Luchino Visconti, avec Alain Delon, Claudia Cardinale et Burt Lancaster dans les rôles principaux, qui lui a donné son plus grand retentissement international.
[53] Pour reprendre la superbe expression du philosophe Spinoza (1632-1677) dans *l'Éthique*.
[54] C'est le titre choisi par la journaliste du *Monde*, Raphaëlle Bacqué, pour la biographie qu'elle a consacrée à Karl Lagerfeld (*Kaiser Karl*, Éditions Albin Michel, Paris, 2019).

⁵⁵ Cette devise est l'un des nombreux « karlismes » cités dans le livre *Le Monde selon Karl*, de Jean-Christophe Napias, Sandrine Gulbenkian et Patrick Mauriès, Éditions Flammarion, Paris, 2019.
⁵⁶ Voir Étape 2, pages 55 et suivantes.
⁵⁷ C'est bien du tiers d'une vie qu'il s'agit ! Regardez ces chiffres de près : vous avez consacré en gros 40 ans à votre vie dite « active ». Selon les statistiques, votre seconde vie durera une vingtaine d'années, et même plus avec un peu de chance et de progrès de la médecine. Ces deux moments de votre vie font donc un total de 60 ans et la dernière partie en représente bien un tiers ! CQFD…
⁵⁸ Voir Étape 1, page 26.
⁵⁹ Il paraît que cette fonction existe encore…
⁶⁰ Voir Étape 2, page 75.
⁶¹ EFSS : *Enterprise File Sync-and-Share*.
⁶² Voir Étape 1, page 53, figure 1-6.
⁶³ Voir Étape 2, page 88, figure 2-11.
⁶⁴ Voir Étape 2, page 85, figure 2-8.
⁶⁵ Voir Étape 2, page 91, figure 2-14.
⁶⁶ Ce sujet fait l'objet de la 5ᵉ étape de notre démarche.
⁶⁷ Mark Twain (1835-1910) est un écrivain, humoriste et essayiste américain, connu surtout pour son roman *Les Aventures de Tom Sawyer*.
⁶⁸ Nous reparlerons de la place et du rôle des « autres » dans la 4ᵉ étape de notre démarche.
⁶⁹ Python est un langage de programmation informatique très utilisé en intelligence artificielle (IA).
⁷⁰ Sénèque (4 av. J.-C.-65 apr. J.-C.) est un philosophe stoïcien, dramaturge et homme politique latin, auteur, entre autres ouvrages, des *Lettres à Lucilius* d'où est extraite notre citation.
⁷¹ Le magasin Paul Beuscher est le plus fameux commerce de musique de Paris. Il est installé boulevard Beaumarchais, à proximité de la Bastille.
⁷² La rue de Rome à Paris est célèbre pour ses nombreux magasins d'instruments de musique, de librairies musicales et d'éditeurs de partitions.
⁷³ *Flight Simulator 20* est un simulateur de vol très répandu, développé par Microsoft et utilisé sur micro-ordinateur ou console de jeux. Une toute nouvelle version au réalisme saisissant est sortie le 18 août 2020.

Cinquième étape

Construire avec méthode le projet de votre nouvelle vie

Informatique ou musique ? Retrouver le plaisir de la découverte

La quatrième étape de la démarche nous a conduits à faire le choix le plus important, le plus stratégique : l'identification d'un contexte et d'un domaine nouveaux qui vont nous permettre de retrouver « ailleurs et autrement » ce que nous avons particulièrement aimé dans notre vie professionnelle, au point de vouloir en retrouver le plaisir une fois celle-ci terminée.

Pour revenir à l'exemple que nous avons développé[74], vous vous rappelez sans doute comment nous étions passés du plaisir de la découverte technique illustrée par la mise en place d'un système informatique au même type de plaisir, porté une fois quittée l'entreprise, par la pratique de la musique, plus précisément le saxophone joué dans un *jazz-band*. Nous avons terminé cette réflexion créative en précisant ce que signifiait pour nous, de façon concrète, la pratique de la musique.

- Nous avons décrit la « situation cible » que nous voulons atteindre sur la fiche Jalon 8 (Figure 5-1) :

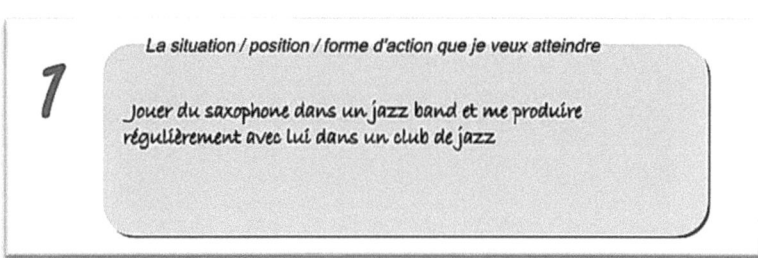

Figure 5-1

- Nous lui avons associé des « résultats », c'est-à-dire le niveau, la mesure de la performance que nous visons (Figure 5-2) :

> **2**   *Le type / niveau de résultat auquel je veux parvenir*
> - Jouer d'après une partition, déchiffrer et écrire
> - Pratiquer le saxophone en solo
> - Pratiquer l'instrument en petit orchestre

Figure 5-2

Nous avons associé des « critères de réussite », c'est-à-dire des indicateurs qui vont nous permettre de savoir sans ambiguïtés si nous avons réussi notre aventure et atteint nos ambitions (Figure 5-3) :

> **3**   *Les critères de mesure de ma réussite / mon échec*
> - Maîtriser le répertoire classique de l'instrument
> - Maîtriser l'improvisation en solo et en groupe
> - Être admis dans le groupe de mon choix
> - Jouer régulièrement en "invité" dans un club

Figure 5-3

- Enfin, nous avons esquissé une échéance à gros trait. C'est elle qui nous permettra un peu plus tard de gérer des calendriers et des délais (Figure 5-4).

> **4**   *Les échéances que je veux tenir*
> Je me donne trois ans !

Figure 5-4

Voilà où nous en sommes au début de cette cinquième étape ! Nous avons défini une situation cible formalisée de façon relativement claire. Celle-ci peut être considérée comme notre point d'arrivée. Bien sûr, nous connaissons aussi notre situation actuelle qui est notre point de départ...

Pour simplifier les choses, admettons que nous partons de zéro : nous n'avons aucune compétence en musique, ni en théorie (solfège) ni en pratique du saxophone, aucune relation dans le milieu du jazz et ses clubs ! En revanche, nous avons au fond de nous-mêmes une réelle envie, un profond désir de nous lancer dans cette aventure qui sera sans doute la dernière grande aventure de notre vie... Ne me demandez pas d'où vient cette idée un peu saugrenue... je ne le sais pas moi-même ! En revanche, je suis absolument certain de deux choses : il s'agit d'un désir évident et très fort et ce sera une formidable réserve d'énergie pour mener à bien l'aventure de ma seconde vie. Je renonce donc à toute tentative d'explication[75], mais, bien sûr, je vais profiter pleinement de ce moteur au carburant énigmatique !

Les garde-fous du « modèle projet »
Nous savons d'où nous allons partir et nous avons précisé où et à quels résultats nous voulons arriver. Naturellement, nous allons nous dire que c'est le moment d'y aller, tout simplement ! C'est là que se cachent un risque et un danger. Le risque, c'est de se jeter immédiatement dans l'action, on dirait volontiers, de « foncer tête baissée »... Le danger, c'est la conséquence de cette frénésie initiale : perdre du temps au lieu d'en gagner ! Un besoin viscéral de passer tout de suite à l'action nous pousse à faire n'importe quoi, pourvu qu'on fasse quelque chose. En réalité, cette frénésie d'action immédiate[76] masque la difficulté, sinon l'impossibilité, de prendre encore le temps de réfléchir, de s'organiser et de se préparer pour réussir. Cette attitude qui peut s'expliquer par des considérations purement psychologiques est la plus dangereuse qui se puisse imaginer.
Car au moment où l'on se jette à corps perdu dans l'action, on n'a pas encore choisi de route, ni déterminé laquelle pouvait être la meilleure. Nous sommes au point de départ et nous

connaissons le point d'arrivée souhaité, notre situation cible. Entre les deux, il y a mille stratégies possibles, mille itinéraires envisageables, des besoins et des moyens sans commune mesure... Alors, plutôt que d'improviser une entrée en matière frénétique qui présente tous les risques de l'improvisation, plutôt que de se condamner à un très probable échec, il vaut mieux attendre encore un peu et prendre le temps de préparer son itinéraire.

Si vous n'êtes pas convaincu, imaginez ce que serait votre état d'esprit après une première étape gâchée dans une précipitation inutile, un début de travail ne menant nulle part sinon à un échec annoncé... vous vous retrouveriez malheureux et sonné ! Vous risqueriez de refermer aussitôt ce dossier, d'abandonner votre projet mort-né au (faux) prétexte qu'il serait trop difficile, trop lourd et que vous risqueriez de ne pas atteindre le but que vous vous êtes fixé ! Vous risqueriez de jeter aux orties des heures de travail, d'intelligence et de créativité.

Plus grave, pour une simple et banale erreur de méthode, pour une « faute de débutant », vous pourriez abandonner, à peine esquissé, un véritable projet de « seconde vie » solide et intelligent. Comme les grands vins, les projets importants ont besoin de temps et de lenteur. Ils ont besoin aussi de travail méthodique et structuré, balisé et rythmé.

Les grands interprètes travaillent et font des gammes quotidiennement. Les grands sportifs ont des plans d'entraînement millimétriques. Les méthodes, les structures et les outils vont démultiplier vos talents, vos idées et votre plaisir !

Alors, avant de foncer tête baissée vers votre situation cible au risque de vous perdre en chemin, au risque aussi de perdre du temps, des moyens et de l'enthousiasme, arrêtons-nous encore un peu et regardons ensemble ce garde-fou simple, efficace et de bon sens qu'est le « modèle projet ».

Le modèle projet : encore du bon sens organisé

Fidèles à la bonne pratique que nous avons déjà expérimentée, nous vous proposons un nouveau document dont l'utilisation vous permettra d'organiser plus facilement la dernière étape de cette démarche. Quand vous en aurez achevé le traitement, vous pourrez vraiment passer à l'action : la préparation proprement dite sera terminée, vous saurez donc où aller. Vous aurez choisi comment y aller. Vous aurez sous les yeux votre feuille de route !
Ce sera vraiment (enfin, direz-vous peut-être...) le moment de l'action, mais d'une action réfléchie, analysée, organisée et, en définitive, d'une action sécurisée pour laquelle vous aurez réuni toutes les chances de réussite.
Même le mieux préparé des projets ne peut pas garantir la réussite, mais au moins, vous assure-t-il le maximum de chances d'y parvenir. À défaut d'une impossible garantie de résultat, vous avez mis de votre côté une garantie de moyens, et la quasi-certitude que vous ne pouviez pas faire beaucoup mieux, et cela, grâce à votre travail !

◆ C'est la fiche Jalon 9 (Figure 5-5) qui va nous aider à organiser le travail de cette cinquième étape :

Figure 5-5

Comme vous pouvez le voir, elle est divisée en quatre parties... Vous travaillerez sur chacune d'elles, en commençant naturellement par la première, et en déroulant les trois autres, comme indiqué par la numérotation, dans le sens inverse des aiguilles d'une montre.

♦ Le premier quart du tableau, en haut et à droite, est consacré aux **résultats attendus** de cette démarche projet. À ce stade du travail, vous êtes invité à reprendre et à formaliser un peu plus précisément ce que vous avez déjà esquissé sur la fiche Jalon 8 à la fin de notre troisième étape.

Trois types d'approfondissement vous sont proposés :

- D'abord, une formalisation précise des « résultats attendus ». Comme vous le savez, cette notion est plus utile, plus « opérationnelle » que d'éventuels « objectifs » dont la formulation pèche souvent par excès d'abstraction. La description des résultats doit être concrète de façon à les rendre presque « visibles ». La meilleure formulation, la plus utile, est d'exprimer les résultats que vous voulez atteindre en utilisant des verbes d'action qui vous mettent vous-même « en scène ».

- Il vous est aussi demandé d'associer aux résultats des « critères de réussite ». Autrement dit, il vous est demandé de préciser, en même temps que les résultats eux-mêmes, les indicateurs, quantitatifs et/ou qualitatifs, qui vous permettront de dire si oui ou non, les résultats atteints sont à la hauteur de ce qu'ils devaient être, si les résultats obtenus sont au niveau des résultats attendus, bref, si vous avez réellement réussi votre projet.
Les indicateurs quantitatifs sont le plus souvent des mesures. Quant aux indicateurs qualitatifs, ce sont des « faits significatifs » qui, se produisant, apporteront la confirmation du succès. Nous y reviendrons un peu plus loin en commentant notre exemple.

- Enfin, pour compléter ces informations, vous ajouterez un autre point important : l'<u>échéance</u> à laquelle vous mesurerez ces résultats obtenus pour les comparer aux résultats attendus. Cette information n'a pas de rapport avec les résultats eux-mêmes, mais l'échéance retenue exprime implicitement un délai qui aura un impact évident sur les moyens que vous consacrerez à votre projet.

Vous devrez vous situer de la façon la plus juste entre deux excès :

- ◆ un excès de vitesse : vouloir agir trop vite peut entraîner une surconsommation coûteuse de moyens (des prestations ou des aides extérieures, par exemple). Des échéances trop rapprochées pourraient être aussi intenables, même en utilisant des moyens complémentaires. C'est ce que suggère joliment un proverbe africain : « Ce qu'une femme fait en 9 mois, 9 femmes ne pourront pas le faire en 1 mois... » ;

- ◆ une trop grande lenteur : trop de temps à disposition devant soi peut engendrer des atermoiements et du laxisme peu favorables au succès d'un projet. Les bonnes intentions et l'énergie initiales risquent de se diluer dans des échéances trop lointaines et affaiblir l'appétit nécessaire à la réussite.

On dit parfois que les choses à organiser et planifier se comportent comme un gaz : elles ont tendance à occuper systématiquement tout le volume qu'on leur octroie ! Mais *a contrario*, si un gaz est trop compressé, il risque d'exploser. Le bon délai, la bonne durée sont les plus justes et les plus appropriés à la situation : ils ne diluent pas l'action et ne la compressent pas de façon dangereuse !

Comme vous avez pu vous en rendre compte, cette première partie décrite dans le modèle projet, c'est, à peu de choses près, la « situation cible » que nous avons déjà évoquée, celle qui doit nous permettre de retrouver les plaisirs et les avantages cachés dont nous avons organisé la quête. Et comme cette situation cible est réellement ce que nous « visons », il était important de commencer le travail en la définissant, en la cadrant et en la ciblant de façon très précise. En effet, vers quoi aurions-nous pu diriger nos efforts si nous n'avions pas commencé par en déterminer la fin ? C'est donc seulement maintenant que nous avons choisi où aller, que nous pouvons parler des routes et des étapes qui nous mèneront à ce but.

◆ C'est ce à quoi nous invite le second quart du tableau, en haut et à gauche. Nous allons donc identifier et organiser les **étapes à parcourir** pour y parvenir. Si nous avons choisi de parler des étapes, au pluriel, et non d'un chemin ou d'un trajet unique, c'est pour une raison bien précise. Certes, les trois mots évoquent tous le parcours d'une distance qui va d'un point à un autre, mais la notion d'étape ajoute deux précisions importantes :

- le parcours complet est segmenté en plusieurs étapes ;

- les différentes étapes s'enchaînent les unes avec les autres, dans un ordre défini et logique qui ne doit rien au hasard.

À cette vision très « géographique » de la question, nous devons ajouter une nuance : contrairement à ce que suggère la métaphore du déplacement, nous allons voir que certaines des actions à mener pour atteindre les résultats attendus peuvent être exécutées en même temps que d'autres, d'une façon que l'on peut qualifier de « parallèle ». Maintenant, il s'agit donc plutôt d'une « autoroute » à plusieurs voies et, bien sûr, chacune d'elles pourra être segmentée elle-même en une suite de plusieurs étapes.

Tout ceci peut vous sembler un peu abstrait et compliqué ! Mais vous allez découvrir très vite que c'est bien plus simple que ça n'en a l'air : nous avons encore affaire à du bon sens organisé !

Concrètement, qu'allons-nous faire de tout cela maintenant ? Simplement, organiser tout ce que nous devons réaliser pour parvenir à nos résultats en partant de ce dont nous disposons aujourd'hui. C'est un travail concret, un peu terre-à-terre, qui va consister, une fois de plus, à répondre concrètement à quelques questions assez banales.

La première question est très simple, même si la dangereuse « frénésie d'action » dont nous avons parlé plus haut en fait parfois oublier le rôle et l'importance. Cette question, la voici : quelle(s) action(s) différente(s) dois-je conduire pour parvenir aux résultats que j'ai moi-même définis ?

À question simple, réponses simples ! Il s'agira d'une liste de toutes les « choses » que vous devez faire en vue d'atteindre votre objectif. Ici, votre seul souci sera de ne rien oublier d'important en notant « en vrac » tout ce qu'il y aura à faire… Le premier danger de ce moment est que ce travail pourra vous sembler un peu simpliste et que vous aurez tendance à le considérer trop rapidement comme achevé. N'hésitez donc pas à vous donner du temps, à revenir plusieurs fois dessus et à laisser la liste « ouverte » pour le cas, fort probable, où vous auriez à la compléter. Le second danger est de formaliser tout cela dans des expressions abstraites et conceptuelles. Il sera donc utile d'employer les verbes d'action les plus simples possible, auxquels vous associerez les moyens que vous envisagez d'utiliser pour les mettre en œuvre à chaque étape.

Supposons que vous vouliez évoquer l'aspect financier d'un projet :

Plutôt que d'écrire dans votre liste :

Recherche de moyens financiers,

il sera plus utile d'utiliser une formulation comme :

Recherche de subvention de Pôle-Emploi

Recherche de financements de la mairie

Constitution d'une cagnotte familiale

Négociation d'un prêt de ma banque…

Comme vous pouvez le constater ici, la formulation associe « que faire » et « comment le faire »…

Quand vous aurez la certitude d'avoir suffisamment approfondi la question et enrichi la suite des actions à mener, vous vous trouverez devant une liste importante détaillant une masse de choses à faire d'importances différentes. Il va donc falloir y mettre un peu d'ordre en organisant ces actions.

Pourquoi les organiser ? D'abord, parce que vous ne pourrez jamais tout faire en même temps… Il y a en effet des choses plus importantes, plus prioritaires et plus lourdes à conduire que d'autres. Mais la principale raison est que, dans la série des actions que vous avez listées, les unes doivent être exécutées avant les autres, pour des raisons chronologiques ou logiques. Dans ce cas, les résultats issus de l'action précédente seront le point de départ de la suivante. En revanche, si aucune relation ni logique ni chronologique ne relie plusieurs actions, celles-ci pourront sans doute être menées de façon parallèle.

Prenons un simple exemple : imaginez que vous avez décidé de passer quelques jours de vacances en famille dans une maison d'hôtes, au bord de la mer, et de louer une voiture pour vous y rendre… Vous avez rapidement esquissé une première liste de choses à faire :

- Réserver la maison d'hôtes ;
- Réserver une voiture…

Il n'y a pas de raisons de faire ces deux choses l'une avant l'autre : elles n'ont aucune relation logique ni chronologique et vous pourrez les mener en parallèle. En revanche, en fonction de votre situation, avant de faire votre réservation, vous devrez peut-être :

- choisir une région côtière précise, après avoir recueilli les différents avis de votre famille…
- sélectionner la maison d'hôtes dans cette zone côtière, après avoir consulté différents guides et catalogues…

- organiser une consultation familiale pour faire le choix définitif !

Quant à la location du véhicule, elle aussi peut exiger plusieurs actions :

- Consulter les tarifs de plusieurs loueurs...
- Analyser et comparer les offres et les prix...
- Réserver enfin le véhicule choisi !

Aussi trivial soit-il, cet exemple montre bien, d'une part, les relations logiques et chronologiques qui lient certaines actions les unes aux autres, et, d'autre part, l'indépendance de celles qui pourront donc être exécutées de façon parallèle.

Dans un cas réel, il faudrait sans doute ajouter des données chronologiques comme des délais, des échéances ou des dates butoirs avant de consigner les actions à mener dans un même calendrier.

Une fois déterminées les séquences d'actions chaînées et les séquences parallèles, on les représente généralement sons la forme d'un simple graphe, lointain cousin du modèle « PERT »[77]. Il représente de façon dynamique la logique et le calendrier des actions qui conduiront aux résultats à atteindre. Bien sûr, au cas où des actions ou des séries d'actions utiles auraient été oubliées, il sera toujours possible de les insérer dans le graphe et le calendrier, jusqu'à l'obtention d'une « feuille de route » définitive.

◆ Le troisième quart du tableau, en bas et à gauche, va recenser **les personnes utiles** à la réalisation de chacune des étapes du projet. Il s'agit ici de répondre à une nouvelle question simple qui peut s'exprimer ainsi : « Pour la réalisation de chaque tâche et de chaque étape, de (l'aide de) qui vais-je avoir besoin ? »

Il s'agit de noter tous ceux qui doivent contribuer à la réussite du projet par la seule valeur ajoutée de leur intervention. Le cas échéant, il ne faudra pas oublier de poser la question de leur coût (rémunération, honoraires, défraiement) et celle de leur disponibilité par rapport à notre calendrier, surtout s'il s'agit de compétences rares.

Ici encore, il n'y a pas de liste type : les spécialités des intervenants dépendent uniquement de la nature du projet. On pourra généralement recourir à l'aide de plusieurs types d'intervenants :

- Les spécialistes ou experts :
  Ils détiennent la compétence, voire la maîtrise du domaine concerné. Ils apportent informations et conseils utiles. Ils peuvent aussi vérifier la qualité (ou la conformité) des différents résultats d'étapes ainsi que les résultats globaux du projet.
  Ils peuvent également faire une analyse critique du contenu du projet, tel qu'il est présenté dans le document **Jalon 9**. C'est une façon efficace d'éviter les « échecs annoncés » de projets mal ficelés ou d'améliorer des points d'analyse un peu trop faibles (structure du projet, délais de réalisation ou budget irréaliste, par exemple).

- Les formateurs :
  Ils apportent un traitement pédagogique des domaines abordés dans le projet. Ils sont plutôt les transmetteurs que les experts d'un savoir ou d'une discipline.

- Les coachs :
  Ils soutiennent les acteurs pendant le déroulement du projet. En effet, une des difficultés sera de garder le cap et de maintenir un niveau suffisant d'intérêt et de travail jusqu'à son aboutissement complet. Entre l'enthousiasme du début et celui de la fin, le risque principal est de voir se produire des baisses, voire des effondrements « entropiques » de l'envie de réussir. C'est la cause la plus fréquente des abandons et des échecs. Le *coach* apporte alors un soutien intellectuel et

psychologique aux acteurs. Il surveille la variable « moral », identifie les menaces et les alertes pour relancer la machine à chaque fois que c'est nécessaire.

- Les intérimaires :
Ce sont des aides extérieures spécialisées ou non, qui prennent en charge, sous le contrôle du pilote de projet, une partie des tâches quand les principaux acteurs manquent de temps ou disponibilité.

◆ Le quatrième et dernier quart du tableau, en bas et à droite, va identifier et recenser **les différents moyens** dont vous aurez besoin pour mener à bien les tâches prévues. Ici encore, il n'y a pas de règles, juste du bon sens à mettre en œuvre. La façon la plus simple en même temps que la plus efficace de procéder est de vous poser, pour chaque étape, la question suivante : « Pour achever et réussir cette étape prévue, de quoi ai-je besoin ? »
Bien sûr, vous exclurez de vos réponses tout ce qui concerne le temps et les ressources humaines que vous venez d'évoquer. Dans ce travail, le calcul du budget est un point clé : beaucoup des ressources nécessaires à la réussite se traduisent en besoins financiers.

Le chiffrage global du budget passera donc par une mesure précise de chaque ressource nécessaire. Prenons quelques exemples :

- Si vous avez besoin de locaux, vous définirez une surface utile, un équipement, une localisation… Ce « cahier des charges » vous permettra une recherche efficace avec des professionnels compétents. Vous aurez en même temps une idée précise du budget à consacrer à l'immobilier.

- Si vous avez besoin d'un équipement informatique, vous définirez vos besoins en matériel (ordinateur, imprimante, stockage…), éventuellement un réseau, des logiciels généraux ou spécifiques du projet… Vous pourrez alors décider d'acheter ou de louer l'ensemble, avec, dans les deux cas, une traduction budgétaire précise.

- Vous pourrez aussi avoir besoin d'une ligne téléphonique et d'un abonnement internet dédié à votre projet.

- Peut-être, faudra-t-il prévoir des déplacements, des invitations, de la documentation, des abonnements, des cotisations et des assurances spéciales qui, tous, auront un coût...

Vous le voyez, la liste des moyens dont vous aurez besoin peut être longue ! Mais n'oubliez pas que, quelle que soit la nature du projet, on a toujours tendance à sous-estimer les budgets au moment des prévisions. Soyez donc prudent et prévoyez, en plus de vos estimations, une part qui ne sera pas immédiatement affectée, mais pourra rapidement se révéler utile !

◆ Nous allons maintenant continuer à développer l'exemple sur lequel nous travaillons depuis le début. Cette fois-ci encore, il ne s'agira pas de juger de l'intérêt de l'exemple lui-même, mais de voir comment s'enchaînent les étapes et comment sont utilisées les différentes fiches Jalon.

Vous vous rappelez certainement que pour préparer joyeusement notre « seconde vie », nous avons fait le choix d'apprendre le saxophone, de monter un *jazz-band* et de nous produire dans des clubs. En menant à bien ce projet, notre intention est de retrouver le plaisir de la découverte et de la maîtrise d'une nouvelle forme de technique.

La présentation de ce choix a été développée au cours de la quatrième étape sur la fiche Jalon 8 (Figure 4-9)[78].

Voici maintenant comment nous avons approfondi cette ambition en la décrivant sur la fiche Jalon 9 suivant la présentation du « modèle projet » (Figure 5-6) :

Quatre séries de questions pour structurer mon projet

2 - ÉTAPES À PARCOURIR	1 - RÉSULTATS ATTENDUS
· Formation au solfège et à l'harmonie · Formation au saxo ténor · Apprentissage du jeu en groupe · Apprentissage de la scène · Choix et achat de l'instrument Insonorisation du local 2.1 Quelles étapes ? 2.2 Quels résultats d'étape ? 2.3 Quelle durée d'étape ? 2.4 Quel calendrier ?	- Lire et déchiffrer les partitions (niveau 3) en 1 an - Jouer les partitions de jazz (niveau 3) en 2 ans - Maîtriser la technique du saxo ténor en 3 ans - Jouer en groupe (contrebasse, batterie, piano/orgue, niveau concert) en 3 ans 1.1 Quels résultats ? 1.2 Quels critères de réussite ? 1.3 Quelles échéances ? 1.4 ...
3 - INTERVENANTS EXTÉRIEURS	**4 - RESSOURCES NÉCESSAIRES**
Vendeur conseil pour l'achat de l'instrument École de musique École de saxophone Formateur personnel Musiciens professionnels (conseil et coaching) Manager de club de jazz (conseil et coaching) Entreprise d'insonorisation (local)	- Un local indépendant insonorisable (location) - Saxo ténor neuf ou d'occasion (de 1.000 à 7.000 euros) - Partitions (500 euros / an) - Disques et DVD (1.000 euros) - Système de sonorisation (enregistrement et diffusion) - Fréquentation de clubs de jazz (1.000 euros) - Déplacements et hôtel (3.000 euros)

Figure 5-6

Nous allons maintenant regarder de plus près, dans l'ordre inverse des aiguilles d'une montre, chacun des quatre volets de cette présentation.

◆ Le premier volet de la description du projet consiste à décrire les « résultats attendus » qui constituent ensemble la « situation cible » que nous voulons atteindre.

Ici, le principal piège à éviter consisterait à énoncer tout ce que nous voulons atteindre d'une façon trop abstraite ou trop générale, donc difficile à mesurer et valider à la fin du parcours.

Voici donc la formulation que nous avons choisi de retenir (Figure 5-7) :

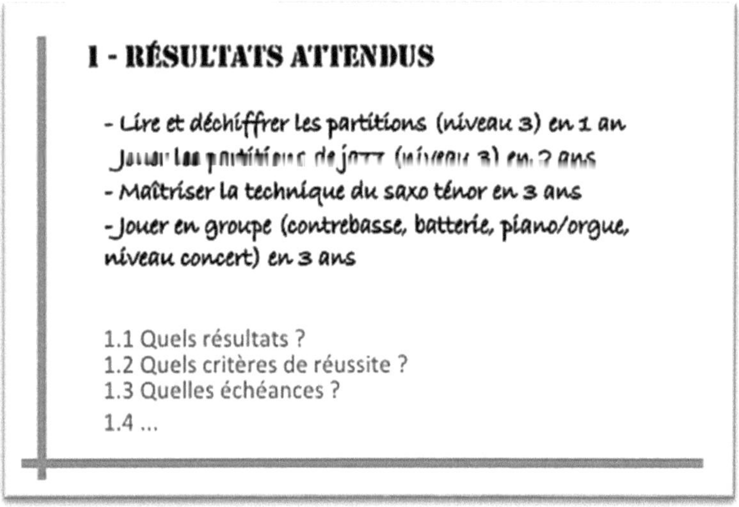

> **1 - RÉSULTATS ATTENDUS**
>
> - Lire et déchiffrer les partitions (niveau 3) en 1 an
> - Jouer les partitions de jazz (niveau 3) en 2 ans
> - Maîtriser la technique du saxo ténor en 3 ans
> - Jouer en groupe (contrebasse, batterie, piano/orgue, niveau concert) en 3 ans
>
> 1.1 Quels résultats ?
> 1.2 Quels critères de réussite ?
> 1.3 Quelles échéances ?
> 1.4 ...

Figure 5-7

Pour l'éviter, la façon de faire la plus pratique est d'utiliser des verbes d'action.

Par exemple, dans le cas présenté, on sera capable de :

- lire et déchiffrer les partitions (connaissance du solfège) ;
- jouer les partitions de jazz et maîtriser la technique du saxo ténor (pratique de l'instrument) ;
- jouer en groupe (contrebasse, batterie, piano/orgue).

À la description ont été ajoutés des éléments de mesure quantitative : le « niveau 3 » correspondant à une échelle utilisée dans les écoles de musique. La capacité à jouer en groupe est plus difficile à « étalonner » de manière quantitative. On a donc fixé le niveau à atteindre (« niveau concert ») sous la forme d'un fait significatif. Ainsi, les invitations faites au groupe à jouer dans des clubs de jazz ou un gala des anciens de l'École de commerce[79] seront de bons indicateurs du niveau de performance atteint. Enfin, des indications chronologiques sont ajoutées aux résultats sous la forme de délais envisagés. Ceux-ci pourraient être validés par les experts évoqués dans le volet 3 de la description du projet (intervenants extérieurs).

Présenté de cette façon, ce premier volet du modèle projet a un peu la forme et le rôle d'un « engagement de résultats » dont la réussite sera rendue possible, ou au moins favorisée, par les données contenues dans les trois autres volets.

◆ Le deuxième volet décrit les « Étapes à parcourir ». C'est à coup sûr le plus important pour la réussite du projet en même temps que le plus délicat à mettre au point.

Nous avons commencé par lister toutes les « choses à faire » pour parvenir aux résultats attendus tels qu'ils sont décrits dans le point 1 (Figure 5-8) :

---

2 - ÉTAPES À PARCOURIR

- Formation au solfège et à l'harmonie
- Formation au saxo ténor
- Apprentissage du jeu en groupe
- Apprentissage de la scène
- Choix et achat de l'instrument
- Insonorisation du local

        2.1 Quelles étapes ?
        2.2 Quels résultats d'étape ?
        2.3 Quelle durée d'étape ?
        2.4 Quel calendrier ?

Figure 5-8

Mais on verra très vite que cette liste est un peu désordonnée. Elle met sur le même plan des actions et des exigences très différentes en termes d'importance, de difficulté, de temps nécessaire ou de position sur le calendrier.

Par exemple :

Formation au solfège et à l'harmonie et *Insonorisation du local,*

n'ont pas grand-chose à voir l'une avec l'autre !

Par ailleurs, on peut facilement deviner que certaines actions doivent être terminées avant que d'autres ne commencent.

Ainsi, l'action :
Choix et achat de l'instrument,
doit être terminée avant le début de :
Formation au saxo ténor,
action qui, elle-même, doit précéder :
Apprentissage du jeu en groupe.

Enfin, certaines actions devront être subdivisées en plusieurs actions secondaires qu'il faudra organiser sur le calendrier.

Ainsi, par exemple :

La pratique du jeu en groupe

devra être certainement précédée d'une phase de recherche et recrutement de partenaires.

Ou encore :

L'insonorisation du local,

devra être précédée d'une étape de recherche de ce local…

◆ Ces remarques peuvent sembler triviales, mais la simple omission d'une action « évidente » dans le calendrier peut déstabiliser l'ensemble d'un projet un tant soit peu complexe.

Pour organiser et représenter logiquement et chronologiquement les différentes actions qui ont été listées sur le deuxième volet de la fiche Jalon 9, on pourra utiliser un autre document, la fiche Jalon 10.

Le voici avec les différentes actions que nous avons listées plus haut (figure 5-9) :

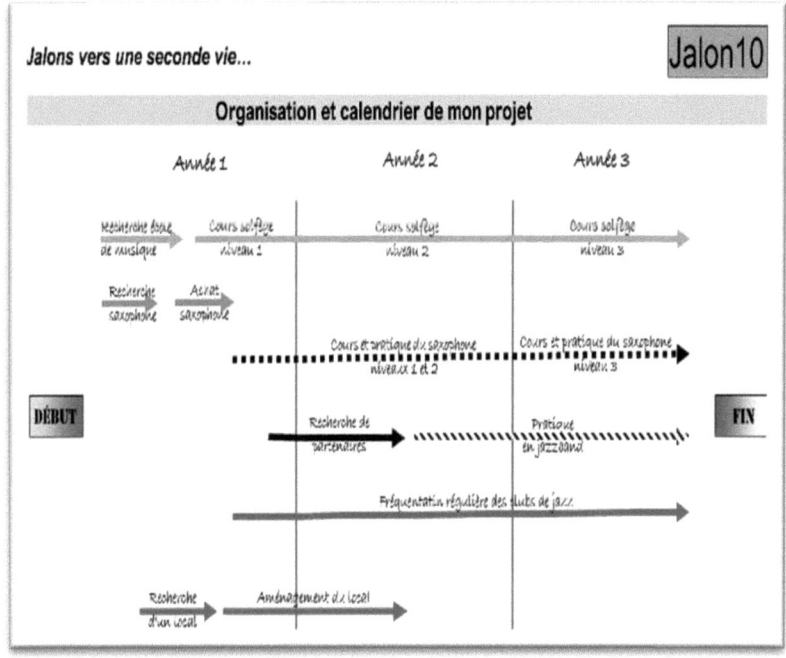

Figure 5-9

Elles sont organisées entre deux butées :

- une butée de fin, qui a été calée sur le délai maximum, c'est-à-dire le moment visé pour la réalisation effective de tous les résultats ;
- une butée de début qui situe le commencement du travail…

Entre les deux, le temps est réparti sur trois années, cette durée ayant été choisie par l'initiateur du projet. Bien sûr, dans un cas réel, nous aurions des dates précises et un calendrier beaucoup plus fin que celui qui a été esquissé ici.

Sur le calendrier de référence, les lignes horizontales organisent des actions et des séquences d'actions indépendantes les unes des autres. Sur une même ligne, des actions séquentielles concernent la réalisation d'un même objectif.

Ainsi naturellement :

Recherche école de musique

précède sur le calendrier :

Cours de solfège niveau 1,

qui, lui-même, précède :

Cours de solfège niveau 2, puis niveau 3.

De la même façon,

Recherche saxophone

précède logiquement *achat saxophone.*

Ou encore,

Recherche de partenaires

se passe avant :

Pratique en jazz-band.

Vous remarquerez aussi que l'action :

Pratique en jazz-band

ne peut commencer très logiquement qu'après un certain temps (milieu de la 2ᵉ année) de :

Cours et pratique du saxophone.

De même cette action :

Cours et pratique du saxophone

ne peut, bien sûr, commencer qu'après

Achat saxophone.

Ou encore, l'action :

Pratique en jazz-band

sera précédée par

Aménagement du local (de travail et de répétition, bien sûr), qui, elle-même, ne pourra commencer qu'après :

Recherche d'un local.

En revanche, l'action :

Fréquentation régulière des clubs de jazz

reste indépendante de toutes les autres actions.

◆ En soulignant les interdépendances des actions entre elles, on remarquera que les glissements de délai d'une seule action peuvent remettre en cause le bon déroulement de plusieurs autres et même le calendrier de l'ensemble du projet. Ce type de diagramme, issu de la logique PERT, permet de gérer à la fois l'organisation et la chronologie de l'ensemble du projet.

Enfin, il pourra se faire qu'une action planifiée s'avère plus complexe à organiser que prévu. Dans ce cas, on la développera en une série de plusieurs actions calées dans le même calendrier.

Ainsi, comme le montre la figure 5-10, après une action initiale **Recherche d'un local,** l'action **Aménagement du local** sera elle-même organisée en une nouvelle séquence de plusieurs actions insérées dans le même calendrier :

- Recherche de devis ;
- Choix (de l'entreprise) ;
- Travaux d'insonorisation ;
- Travaux de déco et aménagement.

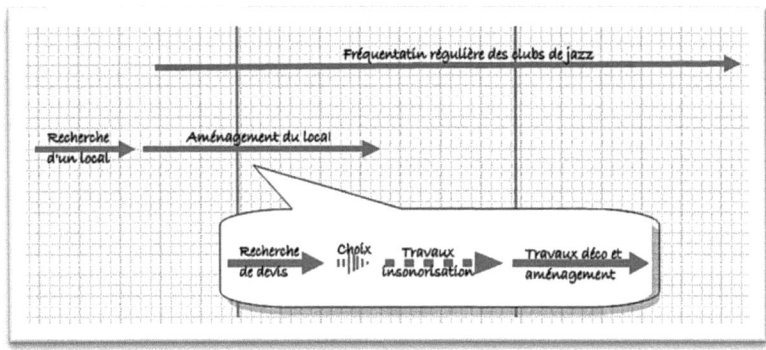

Figure 5-10

◆ Le troisième point de la description est consacré aux intervenants extérieurs, c'est-à-dire à toutes les personnes, quel que soit leur statut, qui interviennent, à un titre ou à un autre, dans la réalisation d'une ou de plusieurs tâches à un moment ou un autre du projet (Figure 5-11).

3 - INTERVENANTS EXTÉRIEURS

- Vendeur conseil pour l'achat de l'instrument
- Ecole de musique
- Ecole de saxophone
- Formateur personnel
- Musiciens professionnels (conseil et coaching)
- Manager de club de jazz (conseil et coaching)
- Entreprise d'insonorisation (local)

        3.1 Quels formateurs ?
        3.2 Quels partenaires ?
        3.3 Quels conseils ?
        3.4 ...

Figure 5-11

Nous avons affaire à une liste d'intervenants très éclectique. Elle illustre bien la variété des aspects de ce projet.

En effet, seront recherchés :

- des intervenants à fibre commerciale :
  Vendeur-conseil pour l'achat de l'instrument
  Entreprise d'insonorisation (bâtiment) ;
- des professeurs de musique :
  École de musique (formation générale, solfège)
  École de saxophone ;

- un professeur particulier de musique (répétiteur) :
  Formateur personnel ;
  des conseils et coachs musicaux :
  Musiciens professionnels (pour entraîner au jeu en groupe)
  Manager de club de jazz (pour aider le groupe à se produire).

Ces différents intervenants contribueront au projet à des titres différents et dans des registres différents (pédagogique, conseil ou commercial). Les critères de choix des uns et des autres devront être précisés en fonction du type de prestation attendu. Par exemple, on n'attend pas les mêmes aptitudes ni les mêmes pratiques d'un professeur en École de musique et d'un coach musicien professionnel.

◆ Le quatrième et dernier point de la description précise et recense les ressources nécessaires à la réussite du projet (Figure 5-12).

---

4 - RESSOURCES NÉCESSAIRES

- *Un local indépendant insonorisable (location)*
- *Saxo ténor neuf ou d'occasion (de 1.000 à 7.000 euros)*
- *Partitions (500 euros / an)*
- *Disques et DVD (1.000 euros)*
- *Système de sonorisation (enregistrement et diffusion)*
- *Fréquentation de clubs de jazz (1.000 euros)*
- *Déplacements et hôtel (3.000 euros)*

4.1 Quel budget ?
4.2 Quel équipement ?
4.3 Quels locaux ?
4.4 ...

Figure 5-12

Il est toujours difficile d'en établir une liste type, les ressources étant évidemment très liées à la nature des résultats attendus et donc des actions à mener. Le travail de recension est d'abord un exercice de rigueur et de bon sens.

Le risque est plutôt de sous-estimer les besoins que de les exagérer. Et des prévisions trop parcimonieuses se traduiront toujours par des délais en plus, de la qualité de réalisation en moins et parfois un échec du projet.

Il faut aussi garder à l'esprit que les ressources ne sont jamais (ou presque jamais) gratuites. Tout finit par avoir un coût, même ce qui vous est prêté... Ces coûts sont à évaluer le plus précisément possible et à intégrer au budget prévisionnel qui constitue le point final de ce volet des ressources nécessaires :

- La plupart des ressources matérielles sont assez faciles à identifier et à évaluer sans trop de risques d'erreur.
  Dans notre cas, ce sont :

  ◆ *Local indépendant* (la location et, ensuite, les travaux d'aménagement) ;
  ◆ *Saxo ténor.*

- D'autres ressources ont un coût qui variera de façon considérable en fonction des options retenues. C'est le cas du Système de sonorisation (enregistrement et diffusion).

- Le « consommable » est souvent évalué sous forme d'enveloppes comme, par exemple, Disques et DVD, Partitions.

- Enfin, on oublie fréquemment les coûts liés à des dépenses et prestations immatérielles dont le cumul peut atteindre des niveaux surprenants.

Ce seront, par exemple *Fréquentation des clubs de jazz, déplacement et hôtels.*

En général, comme nous l'avons déjà évoqué, il est prudent de « gonfler » un peu le budget initial en admettant deux réalités classiques :

- Le premier budget esquissé sera très certainement incomplet, des postes nouveaux se découvrant en cours de route ;
- Les postes identifiés auront, la plupart du temps, été sous-estimés…

◆ Comme vous avez pu le voir sur la fiche **Jalon 9** (Figure 5-6), le « modèle projet » présente le travail de préparation sous une forme cyclique. Cela peut suggérer qu'une fois terminé le travail sur le 4e et dernier volet, il pourra être utile de revoir plusieurs fois l'ensemble du cycle, autant pour l'enrichir que pour vérifier deux points importants :

- la cohérence entre les résultats attendus, les actions organisées pour les atteindre et les moyens, humains et ressources diverses identifiés ;
- l'exhaustivité de l'ensemble, en particulier des étapes à parcourir, des actions à mener et des moyens identifiés.

Vous pouvez retravailler le cycle de préparation autant de fois que vous le penserez utile : il n'y a aucune autre limite que votre conviction d'avoir vraiment achevé le travail. « Cent fois sur le métier… », dit-on !

Ce travail de préparation est le meilleur investissement que vous puissiez faire sur la réussite. L'improvisation ne peut conduire qu'au bricolage, à l'échec, donc à la déception.

Alors, quand vous aurez « bouclé » la formalisation de votre projet, quand vous aurez vérifié les quatre volets qui le structurent, vous aurez sous les yeux :
- le « cahier des charges » de votre nouvelle vie. Il exprime, en termes de résultats attendus, le nouveau cadre des plaisirs que vous avez décidé de retrouver ;
- un « contrat moral » que vous passez avec vous-même : c'est ce que vous avez décidé de vous offrir ainsi que les conditions pour y parvenir. C'est votre feuille de route.

Vous disposez maintenant de tous les outils dont vous avez besoin et il est temps de vous rendre au début de votre fiche Jalon 10 ! Comme vous avez bien travaillé, l'essentiel est déjà joué. Vous avez toutes les cartes en main, il ne vous reste plus qu'à réussir le beau projet de votre nouvelle vie !

---

[74] Redisons-le encore une fois, cet exemple est totalement arbitraire ! Son unique ambition est d'illustrer la méthode, de donner corps à notre démarche et de permettre une utilisation réaliste des fiches de travail Jalon...
[75] Il existe vraisemblablement des explications, comme à tous nos désirs ! Mais elles sont à chercher dans une archéologie compliquée de notre inconscient. À supposer que nous ayons la patience nécessaire pour faire cette découverte, à quoi servirait cet effort puisque le désir et son énergie sont bien là comme deux évidences ?
[76] Les écrivains et les auteurs connaissent son équivalent littéraire : « l'angoisse de la page blanche ». Et il s'agit bien d'une forme d'angoisse devant une action qui tarde à démarrer et à porter des fruits, fussent-ils mauvais !
[77] La méthode PERT (*Program Evaluation and Review Technic*) est une technique d'organisation de projet mise au point aux États-Unis pendant les années 1950, dans le cadre des rivalités industrielles de la Guerre froide. Elle consiste à représenter des étapes d'un projet sous forme de réseaux, en exprimant toutes les relations entre ces tâches, ce qui donne à la fin le diagramme PERT.
[78] Voir Étape 4, page 159.
[79] Voir Étape 3, page 121.

Conclusion

Et maintenant ?

Nous y voilà ! Vous êtes donc arrivé au bout de ce chemin dynamique qui conduit à la construction de votre « nouvelle vie ».

Au fil de ces pages, vous avez parcouru les cinq étapes qui, chacune à sa place, vous ont proposé de réfléchir à quelques points clés de cette construction :

1. L'investigation des plaisirs et des avantages divers que vos années de travail vous ont apportés ;
2. La sélection de ceux d'entre eux que vous souhaitez conserver et cultiver après avoir officiellement quitté le monde des « actifs » ;
3. La place des autres, les différents cercles de relations que vous souhaitez associer à vos projets ou maintenir aux frontières ;
4. Les situations et les contextes à inventer ou découvrir pour y retrouver tous les plaisirs que vous avez choisi de conserver ;
5. Le(s) projet(s) à bâtir pour que vos désirs ne restent pas des rêves, mais prennent la consistance heureuse des réalités utiles…

◆ Alors, que faire maintenant ? De deux choses l'une :

- Ou bien, vous avez choisi de vous limiter à la seule découverte de la démarche proposée, juste pour voir ! Vous l'avez trouvée intéressante, peut-être même utile, mais sans l'appliquer encore à la préparation d'une nouvelle vie. Si vous en avez envie, c'est donc le moment de vous y mettre. Alors, concentrez-vous rapidement sur la mise en œuvre concrète de chaque étape de ce parcours créatif. Utilisez la série des fiches de travail Jalon 1 à Jalon 10. Relisez avec attention les commentaires et les exemples qui vous expliqueront comment profiter au mieux de chacune d'elles. Vous trouverez à la fin de ce livre un exemplaire vierge de chacun de ces documents de travail. Faites-en autant de copies que vous en aurez besoin pour approcher, spécifier et organiser votre prochaine vie !

- Ou bien, vous avez déjà commencé à développer votre projet personnel au fur et à mesure que vous découvriez nos cinq étapes. Si c'est le cas, et si vous êtes allé jusqu'au bout, vous devrez avoir sous la main tout ce qu'il vous faut pour passer à l'action. Les fiches Jalon 9 et Jalon 10 seront vos feuilles de route : la nouvelle vie que vous avez choisie va pouvoir commencer !

◆ Mais ne perdez pas de temps ! Lancez-vous tout de suite ! Ne laissez pas traîner votre projet : il risquerait de refroidir… Ne l'oubliez pas, ce que vous avez choisi, élaboré et construit existera réellement et sera pleinement utile quand les premières étapes définies, les premières actions à mener, les premiers rendez-vous à prendre seront réellement inscrits dans votre agenda des prochains jours. Faites vraiment en sorte que demain commence d'aujourd'hui !

◆ À partir d'aujourd'hui, le travail de construction de votre nouvelle vie, sa mise en œuvre du début à la fin, son suivi attentif vont faire partie de votre quotidien et y prendre une place importante. Et c'est bien ce qu'il faut ! Rappelez-vous votre ancienne vie d'actif : avant d'occuper votre premier poste, vous avez consacré tout votre temps, toute votre énergie et votre intelligence à préparer cette entrée dans la vie professionnelle. Aujourd'hui, vous êtes arrivé à la fin de cet épisode et vous allez passer au suivant. Selon les statistiques et les experts, cette « nouvelle vie » devrait durer à peu près la moitié de la précédente. Alors, sa préparation mérite de votre part autant de sérieux, autant de travail et autant d'intelligence ! Et cela, d'autant plus qu'il n'y en aura sans doute pas d'autre à la suite…

◆ Faites savoir autour de vous, en famille, auprès des vôtres et dans vos cercles de relations, que vous n'êtes pas « en retraite » ! Vous avez décidé de continuer à vivre intensément, de défendre votre droit aux plaisirs et votre goût pour la liberté. C'est ce que vous avez choisi et ce que vous avez construit.

◆ Derrière vos décisions ambitieuses et courageuses, il y a une évidence, même si la pudeur et la discrétion en retiennent souvent l'expression : en suivant cette voie, vous avez fait un choix philosophique et moral essentiel, celui de rester vivant, debout et heureux le plus longtemps possible, au-delà des limites habituelles. C'est un choix pour vous, qui en assumez l'audace et l'effort. C'est aussi un choix pour ceux que vous aimez. Car, et c'est encore une certitude, seuls les gens heureux peuvent faire du bien autour d'eux. Et ce bonheur que vous avez patiemment choisi et construit, vous pouvez être sûr qu'il sera contagieux !

Documents de travail

Fiches Jalon 1 à Jalon 10

Jalons vers une seconde vie…

Jalon 1

Les plaisirs et les satisfactions de ma vie professionnelle

☺ *J'ai aimé, un peu, beaucoup, passionnément…*

Jalons vers une seconde vie…

Jalon 2

Les plaisirs et avantages cachés de ma vie professionnelle

☺ J'ai apprécié, mais un peu plus discrètement…

Jalons vers une seconde vie...

Jalon 3

Mes plus grands plaisirs et avantages cachés professionnels

☺ J'ai particulièrement aimé et apprécié...

Jalons vers une seconde vie…

Jalon 4

Que vais-je faire de ce plaisir professionnel ?

❏ **Je le conserve**

    Pour quelles raisons ?

    Pour combien de temps ?

    Quels sont les risques de ce choix ?

❏ **Je l'abandonne**

    Pour quelles raisons ?

    Est-ce facile / difficile à faire ? Pourquoi ?

    Y aura-t-il un « prix à payer » ? Lequel ?

❏ **Je le transforme**

    Pour quelles raisons ?

    Comment pensez-vous pouvoir le retrouver ?

Jalons vers une seconde vie...

Jalon 5

Qui sont « mes autres » : repérage

Proximité familiale	Proximité amicale	Proximité professionnelle	Proximité associative	Proximité spirituelle	Autres proximités
Conjoint(s) ☐ ☐	Cercles d'amis : ☐ ☐ ☐	Mon dernier poste : ☐	Cercle sportif : ☐ ☐ ☐	Cercle religieux : ☐ ☐ ☐	
Ex-conjoint(s) ☐	- :	- Patron	:	:	
Enfants dépendants : ☐ ☐ ☐	- :	- Supérieur	:	:	
- Jeunes ☐	Cercles de voisinage : ☐ ☐ ☐	- Collègues : ☐ ☐ ☐	Cercle caritatif : ☐ ☐ ☐	Cercle politique ☐ ☐ ☐	
- Ados ☐	- :	:	:	:	
- Jeunes adultes ☐	- :	:	:	:	
Enfants indépendants : ☐ ☐ ☐		- Collaborateurs : ☐ ☐ ☐	Cercle culturel : ☐ ☐ ☐	Cercle philosophique : ☐ ☐ ☐	
- Fille / fils ☐		:	:	:	
- Conjoint(s) ☐		:	:	:	
- Petits enfants ☐					
Frères et sœurs : ☐		- Fournisseurs : ☐ ☐ ☐	Autre cercle : ☐ ☐ ☐	Autre cercle spirituel : ☐ ☐ ☐	
Oncles et tantes : ☐		:	:	:	
Cousins /cousines : ☐ ☐ ☐		:	:	:	
Parents :		- Clients :			
- Père ☐		:			
- Mère ☐		:			
Autre : ☐ ☐ ☐					
- :					
- :					
- :					

Jalons vers une seconde vie...

Jalon 6

Quels comportements avec « mes autres » : exploration

Mes autres...	ils pensent	ils craignent	ils disent	Je vais (leur) dire	Je vais faire

... / ...

Jalons vers une seconde vie...

Jalon 7

Où retrouver ce que vous avez aimé ?

Le plaisir à transformer pour le retrouver ailleurs et autrement [Jalon 4] :

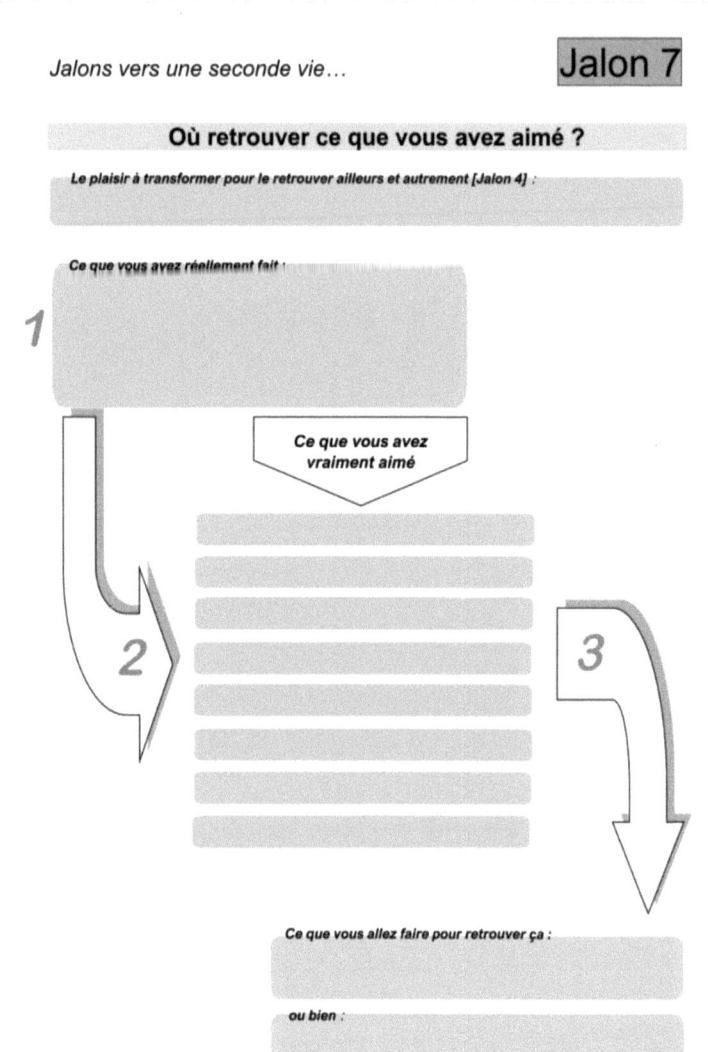

Jalons vers une seconde vie… **Jalon 8**

Du nouveau contexte à la situation désirée

Contexte / domaine choisi

1 La situation / position / forme d'action que je veux atteindre

2 Le type / niveau de résultat auquel je veux parvenir

3 Les critères de mesure de ma réussite / mon échec

4 Les échéances que je veux tenir

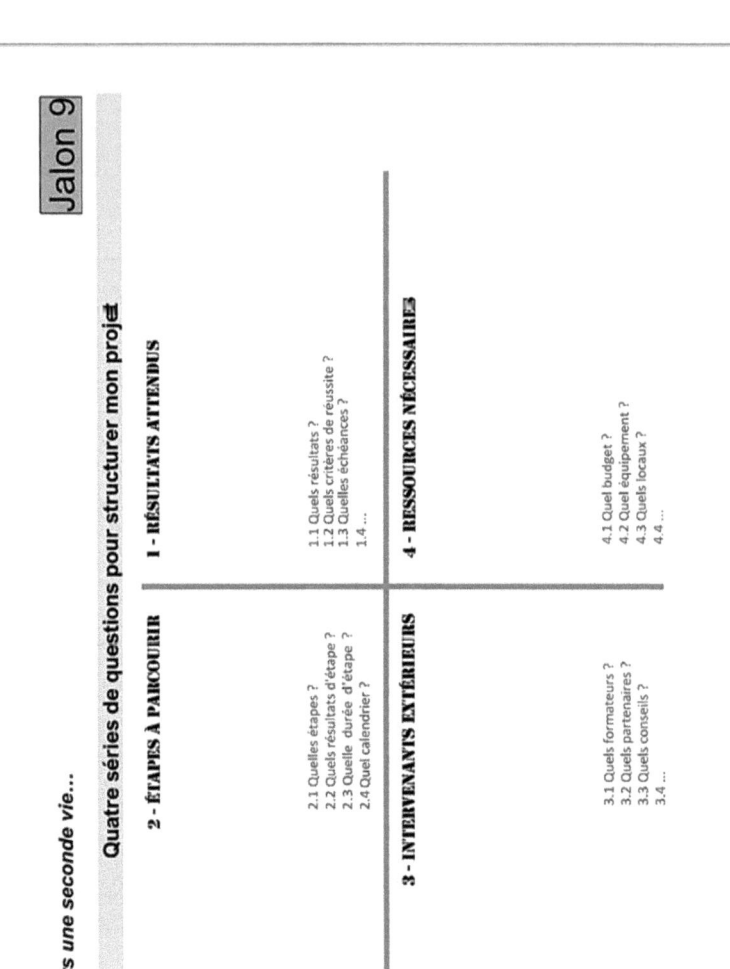

Jalon 10

Jalons vers une seconde vie...

Organisation et calendrier de mon projet

Structures éditoriales du groupe L'Harmattan

L'Harmattan Italie
Via degli Artisti, 15
10124 Torino
harmattan.italia@gmail.com

L'Harmattan Hongrie
Kossuth l. u. 14-16.
1053 Budapest
harmattan@harmattan.hu

L'Harmattan Sénégal
10 VDN en face Mermoz
BP 45034 Dakar-Fann
senharmattan@gmail.com

L'Harmattan Mali
Sirakoro-Meguetana V31
Bamako
syllaka@yahoo.fr

L'Harmattan Cameroun
TSINGA/FECAFOOT
BP 11486 Yaoundé
inkoukam@gmail.com

L'Harmattan Togo
Djidjole – Lomé
Maison Amela
face EPP BATOME
ddamela@aol.com

L'Harmattan Burkina Faso
Achille Somé – tengnule@hotmail.fr

L'Harmattan Côte d'Ivoire
Résidence Karl – Cité des Arts
Abidjan-Cocody
03 BP 1588 Abidjan
espace_harmattan.ci@hotmail.fr

L'Harmattan Guinée
Almamya, rue KA 028 OKB Agency
BP 3470 Conakry
harmattanguinee@yahoo.fr

L'Harmattan Algérie
22, rue Moulay-Mohamed
31000 Oran
info2@harmattan-algerie.com

L'Harmattan RDC
185, avenue Nyangwe
Commune de Lingwala – Kinshasa
matangilamusadila@yahoo.fr

L'Harmattan Maroc
5, rue Ferrane-Kouicha, Talaâ-Elkbira
Chrableyine, Fès-Médine
30000 Fès
harmattan.maroc@gmail.com

L'Harmattan Congo
67, boulevard Denis-Sassou-N'Guesso
BP 2874 Brazzaville
harmattan.congo@yahoo.fr

Nos librairies en France

Librairie internationale
16, rue des Écoles – 75005 Paris
librairie.internationale@harmattan.fr
01 40 46 79 11
www.librairieharmattan.com

Lib. sciences humaines & histoire
21, rue des Écoles – 75005 Paris
librairie.sh@harmattan.fr
01 46 34 13 71
www.librairieharmattansh.com

Librairie l'Espace Harmattan
21 bis, rue des Écoles – 75005 Paris
librairie.espace@harmattan.fr
01 43 29 49 42

Lib. Méditerranée & Moyen-Orient
7, rue des Carmes – 75005 Paris
librairie.mediterranee@harmattan.fr
01 43 29 71 51

Librairie Le Lucernaire
53, rue Notre-Dame-des-Champs – 75006 Paris
librairie@lucernaire.fr
01 42 22 67 13